Jean Cocteau
Correspondance
avec J.-M. Magnan

Œuvres de Jean-Marie Magnan :

La Nuit d'Arles, « Poésie Seghers », avec une préface et un dessin de Jean Cocteau, 1957.

Le Pèse-Taureau, Ed. Forces Vives, avec 11 dessins de Jean Cocteau, 1963.

Nuit d'un couple ou la Coexistence, avec une préface de Jean Cocteau, Ed. L'Arbalète, 1963.

Taureaux pour Pedrès, Curro Romero, El Cordobes, avec 32 lithographies de Jean Cocteau, Ed. Michèle Trinckvel, 1965.

Jean Genet, « Poètes d'Aujourd'hui », Pierre Seghers, 1966.

Cocteau devant Dieu, Desclée de Brouwer, 1968.

Le Temple tauromachique, avec un dessin de Jean Cocteau et 7 photographies de Lucien Clergue, Ed. Seghers, 1968.

Deux fois dans le même fleuve, roman, Robert Laffont, 1971.

A en mourir, roman, Robert Laffont, 1973.

Le grand chez-nous, roman, Robert Laffont, 1975.

Le quart d'heure du taureau, avec 80 photographies de Lucien Clergue, Ed. du Chêne, 1976.

Corrida spectacle - Corrida passion, Robert Laffont, 1977.

JEAN COCTEAU

CORRESPONDANCE
avec
JEAN-MARIE MAGNAN

PIERRE BELFOND
3 *bis*, passage de la Petite-Boucherie
75006 Paris

Tous les dessins reproduits in-texte
sont extraits du livre de Jean Cocteau
Taureaux pour Pedres, Curro Romero, El Cordobes,
Editions Michèle Trinckvel.

Si vous souhaitez recevoir notre catalogue
et être tenu au courant de nos publications,
envoyez vos nom et adresse en citant ce livre.
Editions Pierre Belfond
3 bis, passage de la Petite-Boucherie
75006 Paris

I.S.B.N. 2.7144.1350.1.

Pour André BERNARD
qui n'a cessé de se lier à lui
et de le rencontrer dans son œuvre.

Pour Josy, pour Marie Flore.

LE TIERS-POETE

DIALOGUES

CORRESPONDANCE

Le tiers-poète

I. L'ombre exige un échange

Je vous offre ma main, mon bras et mon épaule
Peu vous les ont offerts
Votre rôle consiste à m'oublier, mon rôle
A vous suivre aux enfers.

Clair-Obscur

Cocteau n'occupe pas d'abord une place privilégiée dans ma bibliothèque mais il ne quitte plus les poches de mon uniforme américain. C'est l'époque de la Libération et du baccalauréat. Je me rends au collège à peu près vêtu en G.I. : du pantalon qui conserve un pli impeccable au blouson qu'un lacet intérieur serre élégamment à la taille. Mes gants de camionneur, achetés à un soldat noir, montent jusqu'au coude mais n'étreignent que le guidon de ma bicyclette. Boîtes de ration K, cartouches de cigarettes, produits pharmaceutiques paraissent prêts à sortir à tout moment de mes poches d'illusionniste. Certains livres y mettaient leurs angles et refusaient de se tasser paresseusement avec le reste. Le *Jean Cocteau, poète d'aujourd'hui* voyage toujours avec moi. Je le lis entre deux trocs. C'est un perpétuel échange avec le poète au milieu du trafic.

Il me semble aujourd'hui à tort ou à raison que c'est avec *La Crucifixion* que j'ai eu d'abord affaire. La revue *Fontaine* m'apporta ce poème à l'étude où je m'efforçais d'oublier les cours. Je ne sais si cela surprendra mais Jean Cocteau, à cette époque, devait être à mes yeux quelque chose comme un animateur. Grand couturier ? Cinéaste certainement ! J'avais porté le fameux pull-over jacquard du Jean Marais de *L'Eternel Retour* sans complexe et le film ne me laissa pas indifférent. Mais « cette croûte blanche de givre en forme d'écorché vif » de *La Crucifixion* devait opérer une autre révolution. Par cette solitude de mots juxtaposés qui grincent, martèlent, cliquettent, entrechoquent leurs syllabes. Le jeu verbal devenu lancinant. Le langage perçant comme une vrille. Autant de mèches dans la blessure inguérissable du vocabulaire, le tissu déchiré. Depuis *Derniers Vers* (1872) de Rimbaud : *Mémoire, Michel et Christine, Age d'or*, rien ne m'avait ainsi parlé à même la peau. L'époque des fouilles de l'enfance n'était pas achevée. La chasse au magot aboutissait au camp américain de Crau, à une vingtaine de kilomètres d'Arles en ruine. Cette ville de toile qui s'éclairait le soir jusqu'à la mer pouvait bien me représenter toute la richesse du monde. Mais la poésie de Cocteau restait le vrai trésor à découvrir. Lui avait réussi à mettre la main sur le seul butin enterré trop profond.

Ainsi, le sentiment que je portais à son œuvre, qui ressemblait à une faim, persistait. Il subsistait encore quand l'occasion se présenta, dix ans après, de l'assouvir, l'esprit soudain bien réveillé : le véhicule de *La Corrida du Premier Mai* confié par le poète à mes mains. Dans un vieux garage en planches disjointes, je montais boulon par boulon des machines impossibles. Mécanicien plus que pilote, je n'avais pas pris la route, perdu dans mes moteurs étranges et menaçais de ne jamais en sortir. Cocteau ne m'offrait pas tant de grimper à son bord, lui qui s'était si fort élevé contre *l'auto-stoppisme*, que de trouver la panne. Quel plaisir pour l'éternel apprenti de se pencher sur les pièces essentielles — comme naguère au camp américain — mais pour permettre au poète de repartir. Loin des embouteillages et des coups de klaxon véhéments (fin de la IVe République), heureux à nouveau, je réparais Cocteau. Je rajeunissais à son contact et toute une décennie vieillissait, pâlissait par la même occasion. Le grand bazar de Crau avait depuis belle lurette levé le camp avec ses petits profits et ses vastes combines et plus rien ne serait aussi simple dans la vie que la croyance enfantine en un container au trésor, ni la pauvreté ni la richesse subite du manuscrit de *La Corrida du Premier*

Mai qui m'était venu en dormant, ni le bien ni le mal dans l'opinion publique d'une ville provinciale après les troubles de la Libération. Il y avait eu entre-temps toutes sortes de fringales et pour un nombre croissant d'œuvres aussi diverses que possible. Il me semble que j'étais continuellement affamé. Mais ma mémoire de Cocteau suscitait toujours la même faim. Dorénavant je pourrais, grâce à la confiance du poète, aller jusqu'au bout de cette obsession au lieu de tenter de la bannir. Je ne m'étonnais pas assez de ma chance.

*
* *

Quels toreros avaient fait, ce dernier jour de la Feria de Nîmes de la Pentecôte 1956, tournoyer sans heurt le fauve dans cape et muleta à un doigt de la ligne de leur corps ? Le jeu avait-il langui ou bien les suites de passes heureuses déchaîné le délire de la foule ? Tout me semblait très loin et changé une fois de plus, tandis que je traversais la place pour me rendre à l'hôtel du Cheval-Blanc : les arcades des arènes, les mâts des drapeaux, les gens qui échangeaient leurs opinions à la volée. Le culte était terminé pour aujourd'hui. L'attelage de mules couvertes de résilles et de panaches venait d'emporter la dépouille de chair fumante de l'ultime combattant. La tête encore un peu vague, je l'aperçus dans le salon à gauche de l'entrée qui m'attendait et je lui serrai la main : Cocteau, à l'évidence, était bien là en chair et en os. Il avait accepté de ne plus m'apparaître seulement comme l'un de ses livres et le charme ne devait pas se rompre pour autant. La chevelure certes perdait de son épaisseur mais, hirsute, elle dressait encore la fameuse houppe ou huppe, le casque à aigrette, panache ou plumet, la crête de coq. Courbe et mince, le nez s'élançait en coupe-vent sous le front haut dégarni, entre les joues longues. La bouche grande et raide, contractée, lui balafrait le visage. « Chante. Par la bouche ouverte de ta blessure. » Les mains interminables et expressives ne jouaient pas à cet instant. Les coudes au corps, un insecte frileux me regardait d'une distance extrême malgré le contact souhaité comme si le gênait le mince crochet de l'hameçon qui passerait sous le menton, à travers le thorax et jusque dans les dernières sections de l'abdomen. Maigre, nerveux, écorché vif, Cocteau tentait parfois de saisir l'hameçon dans ses pattes de devant pour se dégager. Il m'évoquait aussi une de ces fines, légères sauterelles, accrochées à une lame d'herbe. Froide et mouillée par la fraîche rosée — de ma rencontre ? —, incapable de retrouver le bond, l'élan, l'envol, avant de s'être réchauffée au soleil de l'échange, de la confiance, de l'adoption. Ses antennes oscillaient, tâtant l'air, me palpant la figure avec toutes les précautions d'une stratégie circonspecte. La célèbre voix de tête, un peu rêche et nasillarde, atteignait soudain à la netteté du cuivre. Ses inflexions métalliques, dures et extraordinairement flexibles à la fois, évoquaient le cri strident de la cigale, du grillon et la trompette, le saxophone du jazz qui touche l'âme. J'avais entendu Cocteau réciter en disque : *Le buste, Le théâtre grec* avec cette voix qu'il voulait être celle d'un mannequin de Chirico : machine et masque antique. Qu'avais-je fait pour déclencher ce tumulte intérieur qui l'amenait à passer trop vite à son gré de la réserve à l'épanchement ? Un ressort mystérieux débloqué, Cocteau, sans hameçon, se détendait à vue d'œil, d'une jeunesse inouïe de gestes, de propos.

J'évoquais le rapport équivoque — de quasi-bestialité — qui liait le torero au taureau. La succession de plongées et de soulèvements simultanés. La divination de sentir ce que sent le fauve en même temps que lui. Les deux protagonistes appareillés dans cette lutte, cette danse, cet embrassement. « C'est beaucoup plus compliqué que cela » s'animait Cocteau : « Taureau et torero ne s'arrêtent pas de changer de sexe. On ne sait jamais lequel est le mâle, lequel la femelle. Ils se transforment à chaque phase du combat. » Je demeurais un peu abasourdi. Je me souvenais de Barbette, l'équilibriste américain, qui travaillait au cirque, travesti en femme. « Il plaît à ceux qui voient en lui la femme, à ceux qui devinent en lui l'homme, et à d'autres dont l'âme est émue par le sexe surnaturel de la beauté. » Ce sexe surnaturel de la beauté régnait au cœur de son œuvre mais j'étais mal préparé pour le découvrir dans les jeux de l'arène. « Il m'est arrivé une chose terrible. J'ai tout un livre sur la corrida. Un livre en désordre. Je n'arrive pas à le recomposer. Je le crois perdu. Il n'y a rien à faire. Je ne savais pas qu'une chose pareille pouvait se produire. » « J'ai pris des tas de notes pratiquement illisibles pendant la foire de Séville de 1954. Ces notes sont demeurées des notes. J'en ai été séparé par la maladie. Maintenant je ne m'y retrouve plus. Elles refusent de s'organiser. Elles m'échappent et me cachent le livre. Et pourtant, tout y est. Il ne manque pas un mot. On dirait un mauvais rêve où chaque fragment me rirait au nez : ni vu ni connu je t'embrouille. Mon rêve est en morceaux. Il ne m'en reste que les miettes. » « Il faudrait donner ces notes à lire à quelqu'un qui me connaîtrait mieux que je ne me connais. Ce ne doit pas être si difficile. J'écris moi-même sous la dictée, à toute vitesse, sans me relire, sans me corriger, de peur de tout interrompre. J'ai essayé. J'ai confié ce travail à une personne mais cette personne devait me connaître plus mal que je ne le fais. Ou bien le texte est insoluble, intraduisible. Je me retrouve avec un brouillon hiéroglyphique dont j'ai perdu le chiffre. Il me faudrait un Champollion. » Je ne prétends pas avoir agi intentionnellement. Traduire Cocteau me figurait une entreprise au-dessus de mes forces, dont je ne viendrais jamais à bout. Et, cependant, tout se déroulait comme si je voulais le convaincre que je le connaissais comme nul autre au monde. Et je ne pouvais pas ne pas voir qu'il s'étonnait. Par pans entiers, le temps passé avec ses livres resurgissait, s'animait, établissait entre nous une déconcertante complicité.

« Certaines œuvres émettent des ondes. Elles nous rapprochent soudain de ceux qui nous sont le plus hostiles. La glace fond. Les combats s'arrêtent. Le cessez-le-feu entre aussitôt en vigueur. » Les bras en triangle, Cocteau semble aux aguets. Les yeux sensibles à l'extrême regardent de nouveau en moi. Le cuivre de la voix s'assourdit, ne livre plus passage qu'aux notes graves, confidentielles de la trompette bouchée : « *L'Ange Heurtebise* avait retourné Paul Eluard : " Je n'entreprendrai jamais plus rien contre l'homme qui a écrit ce poème. " André Breton, prévenu, tempêta, brandit les foudres de l'excommunication. Il dressa le bûcher. Eluard ne tarda pas à se rétracter et à redoubler d'agressivité à mon égard. On ne lui laissait pas le choix. » L'interminable procès va-t-il se poursuivre dans ce salon d'un hôtel où Cocteau devrait se savoir hors d'atteinte désormais ? Je songe devant son visage à l'affût que le dossier dont il connaît les documents par cœur l'étonnera sans repos : « Je trouve merveilleux d'être l'hérétique de toutes les églises. Et particulièrement de l'église surréaliste. Michaux en était plutôt l'anachorète. Le rôle du grand pontife ne me paraît pas très enviable. » « Bien sûr, s'empresse-t-il de répondre, toujours sur ses gardes, mais il faut le vivre. Insultes. Calomnies. Coups de main. Robert Desnos que je devais rencontrer pendant l'Occupation téléphonant mon suicide à ma mère, une nuit. Que d'acharnement ! » Cocteau ne donnait-il pas en secret raison contre lui au pape impitoyable ? Cet opposant se reconnaissait accusé, accusé de naissance, accusé d'office. Il nommait désobéissance le refus, le non-alignement. Il n'adhérait pas mais en souffrait souvent comme d'une exclusion. Pas plus qu'au néo-thomisme de Jacques Maritain, il ne lui sera donné par la suite de se rallier au groupe surréaliste. Sans refuge contre le doute, l'accusateur en lui-même dressé, il se jugeait avec les yeux de ses ennemis. On conçoit que Breton avait dû s'en donner à cœur joie avec ce Cocteau qui lui attribuait une place de premier choix dans son tribunal intime, parmi les jurés soupçonneux, prévenus. C'était l'heure de se séparer. Cocteau se leva. Il emportait les plus récentes photographies de Clergue sous le bras avec une joie gourmande. Je comprenais que pour lui la chasse au trésor n'aurait jamais de fin. Plus aucun halte-là - qui vive ? dans l'attitude de Cocteau mais la promesse de se revoir à Arles ou à Nîmes pour les prochaines corridas. « Je me demande parfois pour qui j'écris mes poèmes. Je me défends en me répétant : " La poésie est indispensable même si je ne sais pas à quoi. " Cela ne me rend pas toujours heureux. Ce soir, grâce à

18

notre rencontre, je ne me poserai pas de ces méchantes questions. Je ne me poserai pas de questions du tout. Vous les avez obligé à reculer. » Il sourit avec compréhension, avec complicité : « Peut-être m'avez-vous donné le courage qui me manquait pour mener à bien ma *Corrida du Premier Mai* ? Peut-être en aurai-je désormais la force. Vous me porterez bonheur. » Son sourire était des yeux, bridés, plissés, beaucoup plus que de la bouche-blessure. Il ne demandait qu'à croire en vous pour autant que vous parveniez à y croire vous-même. Et vraiment, il vous persuadait sans pose ni affectation d'un parti pris en votre faveur : « Je tâcherai de travailler en pensant à mon lecteur. Au lecteur le plus attentif ou le mieux intentionné. » Dehors, une grande voiture noire l'attendait dans le crépuscule chaud pour le conduire vers Nice et Villefranche-sur-Mer, au bord de ce golfe où il avait aimé sa jeunesse.

*
* *

Marques, indices, signaux de reconnaissance que le poète ne s'adressait qu'à lui-même, un terrible puzzle en désordre, ce manuscrit tauromachique. Les paragraphes s'éparpillaient aux quatre coins des feuilles, se chevauchaient, se recoupaient, mangeaient la marge, se dérobaient au verso, cachaient leurs jambages. Il fallait se rapprocher bien près de Cocteau pour ne pas rester étranger. Malgré un mélange d'annotations à mi-chemin entre la science et la corrida et qui juraient d'abord entre elles, ces pages n'en obéissaient pas moins à une rigoureuse architecture interne, à un équilibre plus secret que la confusion manifeste. Tout se construisait sans moi, trouvait naturellement sa place ou la prenait de force. Je n'avais qu'à laisser faire. Les chiffres du poète qui « ne rêve pas mais compte » étaient parfaits. Le livre se trouvait complet à son insu. M'aurait-il demandé après coup de compter à nouveau le texte différemment, je suis sûr que j'aurais dû renoncer : je n'aurais pas pu !

C'est de la sorte qu'avec une extrême délicatesse il me montra par l'exemple jusqu'à quel point lui m'acceptait en tiers dans son œuvre et que peut-être celle-ci, aujourd'hui, l'exigeait. Ne déposait-il pas entre mes mains le sort de sa *Corrida du Premier Mai* avec les pleins pouvoirs à charge de ne pas en mésuser ? « L'œuvre forte ne saurait tomber sous la dépendance du tiers même dans cette apparente passation. Te voici désormais tiers omnipotent mais tu éprouveras bientôt les bornes, les limites de ta puissance, devant ce livre que sa désorganisation met à ta merci. A toi d'en faire l'expérience et que cette procuration générale que je te donne sans la moindre alarme te délivre de ta peur inavouée (les pires de toutes). » « De ce couple souvent orageux que l'écrivain forme avec son jumeau d'ombre, son écriture, tu t'es peu à peu arrangé (dangereuse disposition) pour exclure le lecteur. Tu prétends en riant te ficher de ce tiers comme du quart. C'est faux. Je voudrais le réintroduire dans ton travail, te donner la confiance suffisante pour affronter sans malaise son image restaurée. »

« Donne-moi un conseil. » « Dis-moi ce que tu en penses. » Il vous communiquait ainsi la certitude qu'il avait besoin de vous, qu'il attendait tout de votre aide, qu'il en sortirait quelque chose d'indispensable à son travail et à lui-même. Vous participiez et tout le profit était pour vous, bien qu'il affirmât le contraire. Cela n'allait pas sans le danger de se croire plus Cocteau que Cocteau et de lui en vouloir, bien entendu, de n'être que soi. Il ne connaissait pas encore Claude et ne savait nullement, par conséquent, quels atouts j'avais dans mon jeu. Mais il ne tarderait pas à le savoir. Je me souviens du soir où je découvris à ma jeune femme battant des mains la salle à manger aux cannisses encombrée par les mille morceaux de *La Corrida du Premier Mai*, convaincu qu'elle admirerait, qu'elle s'émerveillerait. Hanté par le mécanisme de Cocteau qui me manœuvrait, j'entraînais Claude, l'empêchais d'errer, lui commandais de prendre à droite ou à gauche, ouvrais, fermais des phrases comme des portes. Elle suivait comme un automate, notait à mesure les chiffres du poète qui se substituait à moi, me dictait les ordres, les directives et s'emparait d'elle, la charmait par ses exercices. Je sens son

20

souffle chaud sur mes yeux, sur ma joue, tandis que je m'efforce de faire le point et qu'elle déroule sans perdre une seconde le fil d'Ariane qui nous relie à Cocteau dans le labyrinthe verbal.

Je me voyais donc, en cette fin d'année 1956, tiers élu, tiers en titre, d'une configuration à trois où le poète me priait de l'assister dans l'acte d'amour avec son double : cette *Corrida du Premier Mai* provisoirement suspendue. D'une manière paradoxale, j'achevais presque d'éliminer le témoin de mes propres textes ; autrement dit de casser tout rapport triangulaire pour une écriture intransmissible, plus asocial qu'un enfant. Mais quel drôle de trio je formais avec Cocteau et son double, m'acharnant à les rapprocher, à les remettre en contact. Car Claude se tenait toujours à mes côtés, intimement mêlée au travail passionné qu'exigeaient les retrouvailles du poète avec son manuscrit et son nouvel élan. Dans ce qui aurait pu ne présenter qu'un ménage à trois, ce n'est qu'en couple que je me décidais à affronter Cocteau et le sperme de son écriture et les germes de son œuvre. Sans que cela souffrît une seule exception. Mais nous n'éprouvons aucune gêne ni ne rougissons le moins du monde de honte devant cette manière de sexualité psychique. Tant mieux si la beauté du texte provoquait en nous une érection interne qui nous donnait la force de le soumettre. Ainsi unis, nous jouissions sans pudeur de cet art de la possession morale qui dans le cas particulier nous séduisait parce que le poète simulait de nous déléguer ses pouvoirs.

De la sorte, je me trouvais avec l'aide de la jeune femme en train de scruter cette figure que Cocteau tâchait de substituer à la sienne à charge de l'embellir. Il fallait faire relativement vite. Je le sentais pressé — à mesure que se précisait par nos soins le dernier avatar du visage de son écriture — de remplacer par ces nouveaux traits d'encre ceux qui s'effaçaient, s'en allaient comme une ombre. Ensemble, nous éprouvons ces troubles que doit provoquer l'œuvre écrite ou peinte, une étroite participation et qui relève d'une sexualité transcendante. L'union la plus intime avec *La Corrida du Premier Mai*. « On bande ou on ne bande pas. Ma peau morale est indifférente à cette beauté-là » (lettre du 9 juillet 1959). Pour Jean Cocteau on ne devait pas discuter de l'érotisme spirituel. « Un type d'esprit sera flairé, recherché, apparenté à travers les siècles et les arts, contre toute apparence, et hantera cette sexualité transcendante comme un type humain, à travers les sexes et les milieux sociaux les plus disparates, hantera la sexualité inculte. » Une telle quête d'un type déterminé, à l'exception de toute autre, fait le poète s'opposer à l'éclectisme et lui interdit l'adoption de genres de beauté qui le laissent froid.

Il aura souhaité, exigé que son œuvre servît des fins passionnelles, jusqu'à devenir un mal d'amour et inspirer la passion. Il l'aura appréhendée aussi et qu'elle dût subir toutes les justices et toutes les injustices de cette passion. Prévenu par l'expérience, il aura guetté avec un soin inquiet cette minute où, chez la même personne, un contre-élan s'enfonce à l'inverse et où l'amour initial se transforme en haine, en invectives. « Si tu savais — et c'est hélas impossible, ou " par chance " — ce que j'ai traversé pour devenir une maladie contagieuse » (lettre du 4 novembre 1958). On ne saurait nier que l'œuvre de Jean Cocteau ait réclamé cette adhésion totale, attendu ce consentement à un mariage des âmes. Le poète a mainte et mainte fois répété que l'admiration le laissait froid. Il en revient toujours à s'adresser à ceux qui aiment plus qu'ils n'admirent. Il n'entend recruter ni électeurs ni admirateurs, ne vise qu'à se faire des amis. Il estime, à juste titre, que les insultes de Maurice Sachs à son adresse témoignent d'une empreinte profonde. Ce vertige de coups lui paraît digne d'intérêt parce qu'il est d'ordre passionnel. Sachs expulse un envahisseur mais cet envahisseur c'est Jean Cocteau, et plus Sachs s'acharne, plus il atteste le pouvoir de conquête de l'œuvre, sa force d'envahissement. Nous quittons le terrain de l'admiration froide, de l'acquiescement raisonné pour entrer dans le domaine quasi physique de l'amour et de la passion subie, où l'œuvre pénètre le lecteur, le marque, le fascine sans lui laisser de recul, à plus forte raison la possibilité de la jauger, de l'apprécier du dehors. Jean Cocteau semble avoir plus appelé que craint « l'ennemi que la jeunesse amoureuse porte en elle ». Bien sûr, il aura fait tout son possible pour ne pas réveiller ces réflexes défensifs d'adolescent mais il aura suivi les progrès du mal (mal d'amour, cela va de soi) avec une vigilance incroyable, une attention qu'on pourrait qualifier de jalouse. Et même s'il en a souffert, il se sera plus volontiers exposé aux griefs, aux offenses, qui en auront résulté, qu'à la simple critique, parce que griefs et offenses lui auront prouvé la passion qui les dicte et combien son œuvre pouvait demeurer possessive.

Reste que *La Corrida du Premier Mai* nous était prêtée et qu'il faudrait la rendre. En attendant, nous cohabitions avec Claude dans l'œuvre de Cocteau et je bénéficiais de mon aisance à la guider dans cette demeure somptueuse dont je lui faisais les honneurs comme si j'en étais le propriétaire légitime, et nous apprenions à nous aimer dans l'ombre du poète, nous mariant à son encre. Mais devant ce manuscrit qui représentait le luxe, la jeune femme contrôlait son exaltation : « Maintenant, nous appartenons à Cocteau. Nous n'existons plus que par lui. Nous faisons tout ce qu'il veut. » Ses yeux se plissaient de malice. Les narines de son nez retroussé palpitaient largement : « Est-ce qu'il possède autant de charme que ces pages ? Mais je suppose qu'il se montre d'un abord moins difficile. Crois-tu que je l'aimerai ? » « Oh ! ne me pose pas de colles. Tu auras certainement beaucoup d'affection pour lui. » L'étape du jour était presque achevée. Je m'absorbais dans les derniers feuillets touffus du manuscrit en souffrance. Ce manuscrit qui devenait un peu de moi-même à présent que je l'avais parcouru en tout sens et qu'aucun obstacle n'était arrivé à m'en détourner. Je n'étais plus étranger au paysage. Je poursuivais lentement et finissais toujours par passer outre aux défenses dont il se hérissait et qui avaient peut-être rebuté en premier le poète réveillé de son hypnose. Il me semblait doué alors de faculté surhumaine. C'était une passion qui ne s'était jamais relâchée bien longuement depuis l'époque du camp américain et je me sentais très reconnaissant envers Cocteau de la couronner de la sorte.

Cocteau maintenant n'avait plus besoin de mon aide pour lire son livre. J'étais libéré et je souhaitais bonne chance à sa corrida qui le méritait bien. J'avais trouvé le moyen de m'introduire dans ce drôle de couple qu'il ne formait plus avec son texte délaissé. Tant mieux si j'étais parvenu à y jouer mon rôle et par mon entremise à renouer un accord. On aurait pu croire que je le lui traduisais d'une langue étrangère et qu'il entendait enfin ces paroles qui lui revenaient de l'autre côté de la mort. L'infarctus l'avait emporté loin de ces pages mais il se sentait des obligations envers elles et la chance avait voulu que je parvinsse à tout mettre en bon ordre avec le secours de Claude. Nous avions réussi à ramener la paix des ménages entre le poète et son œuvre. Désormais je ne pourrai prétendre avoir ami plus attentif, patient et diligent que Cocteau pendant les années qui suivront. Il fera toujours de son mieux pour me relier à l'extérieur et en arrivera à marier de plus en plus souvent son dessin à mon écriture pour tâcher d'affermir mon style, de le rendre plus limpide en l'illustrant.

*
* *

Croyais-je vraiment que, pour atteindre au cœur des choses, il suffit de les dépouiller de tout ce qui les entoure et qu'en supprimant les barrières on touche la poésie de plus près ? Je cherchais à plier la langue et ne concevais pas combien l'on pouvait apprendre plus en se pliant à elle. « A force de t'écarter du commun commerce du verbe, tu réveilles l'enfant maniaque en toi et te retrouves contraint de distribuer les mots comme autrefois tu disposais ton assiette d'une certaine manière à table et n'enjambais que certaines rainures du trottoir. » J'étais reconnaissant au témoignage de Cocteau de me rendre compte par ce biais puéril des crampes et des boiteries bizarres de mon écriture, tordant spasmodiquement chaque tentative de m'exprimer jusqu'au supplice. Un arrangement nouveau de mots de plus et ma phrase s'éclairerait à la lumière dure de l'enfance. Je retournerai à un certain point de départ dans les courbes et méandres de son parcours sinueux et j'observerai tout avec un espoir accru. En attendant, la crampe me plie en deux et m'empêche d'avancer. Je ne peux plus marcher à l'intérieur de l'enceinte de mon passé tant je boite fortement. Je bute contre d'innombrables obstacles. Sans Cocteau et sa *Corrida du Premier Mai*, ce serait un sale moment. Car à quoi bon forcer des rouages, fausser des mécanismes pour devenir inintelligible à soi-même. *La Mue nocturne*, que j'ai finie trop tard pour figurer dans la plaquette Seghers, aboutit à une impasse, à un cul-de-sac.

Etais-je en pleine régression quand nous nous rencontrâmes ? J'avais rompu avec toutes attaches extérieures à l'écriture et en renonçant à la rime dans mes poèmes je perdais également de vue leur raison. Du coup, les vieilles règles de la prosodie appartenaient au dehors de la poésie et ne me représentaient plus que procédés destinés à s'exploiter soi-même. Ces *trucs* étaient affectés à cacher qu'on possédait plus de façade que de fonds, au mieux : à mettre ce fonds à l'encan, à le vendre à la criée. « Adjugés, vendus », oh ! ils savaient pousser les enchères ! Mais, à force de refuser ces intermédiaires, je me demandais si j'avais encore quelque chose à offrir. « Ce quelque chose obstiné qui entend en toi se passer de tous les truchements — mais la parole portera-t-elle encore ? — s'apparente aux tics cérébraux dont l'enfance est presque toujours la victime. Il s'agit de sauvegarder un équilibre mystérieux, d'encombrer sa vie de rites sans être vu, tels que calculs d'après l'âge, les dates ou les numéros des immeubles, nombre de pas comptés entre les becs de gaz ou les arbres. » La fin du piège ! Allait-il se refermer sur moi, prisonnier de rythmes maladifs, de grimaces nerveuses, pour avoir craintivement coupé le contact ? Le poète m'alertait sur le mode plaisant qu'aimait à emprunter sa gravité sans pesanteur et me comparait à *la Séquestrée de Poitiers* en toute connaissance de cause.

Quel accident chanceux, quelle secousse salutaire m'arracheraient de bon ou de mauvais gré à mes phrases cadenassées et à mon trou, ce trou que la séquestrée de Poitiers devait appeler un jour « sa chère petite grotte », son « cher bon grand fond Malempia ». Dans une chambre sans air et sans lumière, sur une paillasse pourrie, cette séquestrée, qui se révélera bien plutôt une recluse en majeure partie volontaire, est couchée raide et de travers. Tout autour d'elle qui l'enveloppe et commence à la recouvrir, une sorte de croûte constituée par des excréments, des débris de viande, de légumes, de poisson et de pain en putréfaction à la ressemblance peut-être du trouble affreux de sa pensée, de sa raison qui lui échappe. « Est-ce que tu ne vis pas trop enroulé sur toi-même autour d'un noyau de souvenirs et de références ? » se hasarde à interroger Cocteau. Des détritus d'âmes, de paysages, de tout ce qui me servira plus tard à recréer ma ville, le camp américain de Crau, le climat inimaginable de la Libération, l'énigme de mon enfance et les monstres sacrés de ma jeunesse s'agglutinent et s'amoncellent en ces petits tas d'immondices, déchets du verbe, résidus de la parole. Cocteau ne me cache pas dans quel dilemme je me suis enfermé avec mon écriture close. Il se décide à m'alerter : « Il faudrait que tu puisses " t'oublier ", ouvrir les fenêtres de ton âme, ou sinon aller jusqu'à l'horreur de la séquestrée de Poitiers et parvenir aux délices de la pourriture, de l'œuf de cent ans des Chinois. » Mon langage devenu comme le feutrage compact formé par les cheveux de la recluse mélangés aux matières excrémentielles et aux reliefs de nourritures avec les nacres des coquilles d'huître en guise de diadèmes ou de pendentifs. J'étudie avec soin les réponses de Mélanie Bastian au juge d'instruction après qu'elle a été rendue à l'air pur et à la clarté du dehors. « Il n'y en a pas qu'une ayant ce nom-là » — « Foutre on ne peut pas tout dire » — « Ce n'est pas moi qui avais tant de cheveux, cela en était une autre. » Toujours le même besoin d'échapper aux questions, de se dérober. Toute demande trop orientée la met en colère et l'amène rapidement à bredouiller des mots incompréhensibles. Elle se replie très vite et invoque le souvenir de sa petite chambre aussitôt qu'on la dérange. De prime abord, Gide, examinant la photographie faite à son arrivée à l'hôpital, remarque son sourire comme futé, presque narquois, malgré ce qu'il pouvait avoir par ailleurs d'angélique, d'idyllique. Et toujours la hantise de la « chère petite grotte », à quoi elle refusait d'abord qu'on la ravît, contre laquelle elle n'a jamais médit et dont elle semble au cours du dernier interrogatoire éprouver une nostalgie accrue : « Quand on est à Cher-Bon-Grand-Fond, c'est mieux qu'ici, mais il faut encore attendre pour y aller. »

Mélanie Bastian avait éprouvé le besoin de se découvrir totalement devant n'importe qui et de se montrer en pareille attitude aux fenêtres donnant sur la rue. On la jugea hystérique comme de bien entendu. Avant de se recroqueviller nue sur elle-même à l'abri de sa couverture d'une saleté repoussante mais à laquelle elle se cramponnait comme à son dernier recours, n'avait-elle trouvé au bout du rouleau que de courir aux fenêtres ouvertes pour tenter de réagir en s'exhibant et provoquer par sa nudité l'extérieur ? Le livre de Gide nous révèle également que la séquestrée précipitait des lettres par les persiennes dans une cour intérieure. Au lieu de les poster, les domestiques les remettaient à son gendarme de mère. Je présumais que, même parvenues au but, ces lettres n'auraient pas atteint leurs destinataires. Chaque mot, pour sûr, s'y trouvait altéré, bousculé, perdu de sens, magnifié peut-être. Ainsi du sibyllin « Malempia », où le goût de Cocteau pour les devinettes et les rébus l'autorisa à découvrir la déformation du « Ho, Ho, tout va de mal en pis » qu'aurait clamé au cours de ses visites l'étrange frère de Mélanie Bastian. Couvert de la vermine des mots comme d'une épaisse couche de crasse, je remâche jusqu'à l'épuisement des cris inaudibles dans quelque obscurité méphitique où personne ne peut me suivre et où je risque de me perdre le premier désormais. Tel est le préoccupant bulletin de santé que Jean Cocteau s'est résolu à étaler devant le nez du poète qu'il veut bien reconnaître en moi. Sa générosité le poussait à vous traiter comme un égal déjà connu et à s'entretenir avec vous hors du temps sur un plan de totale réciprocité.

Au début, il aimait me voir besogner comme à tâtons

dans l'ombre sans jamais que les doigts ne se trompent. L'idée d'une fouille s'imposait de préférence à toute autre comparaison, où je dégageais l'œuvre sans l'amputer par les coups de pioche, en archéologue patient. C'était très bien de n'éprouver aucune mélancolie de la solitude. Encore mieux de m'acharner sur chaque phrase en donnant un parfait exemple de désintéressement et de cette ascèse de la poésie poussant jusqu'à l'extrême la certitude d'être soumise à quelque nécessité supérieure aux impératifs de la raison. Que résulterait-il de cette longue période occulte ? Pouvait-on espérer une autre phase où une onde se propagerait, limpide, transparente, après un pareil nœud psychologiquement si difficile à dénouer ?

Je l'aimais d'inspecter ses ténèbres, de les expulser au grand jour. Je l'aimais de placer une extrême (excessive pour certains) visibilité au service de l'invisible. Je trouvais merveilleux qu'il déclarât décalquer l'invisible et profiter des accidents du mystère et des fautes de calculs célestes. Il se voyait, et sans doute l'était-il, reçu de l'autre côté du décor, parmi les secours inespérés et les jalouses défenses de l'inconnu. « Doit-on livrer un nœud gordien au lecteur, alors que son entrelacs déjoue nos propres mains ? » le questionnais-je souvent. En sa personne (me semblait-il toujours) le clair et l'obscur ne cessaient de s'affronter, la lumière et les ombres (ne serait-ce que pour les accuser), les feux de la rampe et quelque monstre interne, que ces feux aveuglent. Je l'aimais d'être double, comme un agent secret ou comme son propre double sublimé, de quelle merveilleuse dualité-duplicité ! Son double jeu inspiré était le plus dangereux, le plus serré qui se puisse risquer et ne possédait que l'adversaire sans nom. Sans doute fallait-il au départ de cette entreprise peu commune que le goût des planches le disputât à celui de *déranger les anges* et gardât ses chances jusqu'au bout. Je l'aimais de se heurter en chemin au Sphinx qui le vêtait de boucles et comme Œdipe dans sa *Machine infernale* d'avoir le privilège de lui plaire. La lice intime, ces méandres du dedans, ces lointains dédaléens, où Cocteau livrait combat contre l'ennemi nocturne, aboutissait sur une estrade, en pleine parade, et commu-

28

niquait. Il savait épater les autres et c'était une qualité. Pendant ce temps, ils se tenaient tranquilles. Cocteau m'enseignait par son exemple que le clair ne serait peut-être pas toujours vaincu en fin de compte et me laissait entendre qu'il existait un terrain solide où il saurait se réconcilier avec l'obscur et s'épanouir. Un fluide lumineux le baignait, l'imprégnait, qui donnait à sa poésie son irréprochable pureté de contour et mettait en relief la précision de ses formes. J'en étais encore si éloigné.

Avait-il jamais cessé depuis *Le Potomak* d'attendre les parlementaires de l'inconnu et de se considérer comme un bureau central des phénomènes ? Je l'aimais de s'évertuer à assurer aux forces occultes une configuration soumise à l'échelle humaine, de permettre de prendre pied à des créatures, dont il semble qu'un autre règne leur défende l'accès du nôtre. Cette perche du visible tendue aux êtres des confins pour les arracher à l'informe aura-t-elle suffi pour que se répande l'image sous laquelle on se le représentait à l'ordinaire, d'un artiste de métier habile, de fabrication ? Et cependant, quelle œuvre entend relever davantage d'ambassadeurs de l'au-delà, d'intermédiaires entre la vie et la mort ! Quelle poésie se réserve avec plus de soin un droit oraculeux jusqu'à renouer avec la tradition du calembour grec (et ses devinettes cruelles, ses terribles énigmes) ! J'aimais imaginer Cocteau aux prises avec les faux-semblants supérieurs. Je l'aimais de s'être longuement confondu avec ce chef-d'œuvre asocial : l'opiomane. Chef-d'œuvre « sans l'ombre de prostitution » et « sans la moindre nécessité d'en faire part à qui que ce soit d'extérieur à son règne ». Mais l'opium menaçait de le conduire dans l'équivalent de quelque « cher bon grand fond Malempia », dans la « chère petite grotte » où je ne me repérais plus que comme un enfant dans le noir quand nous nous rencontrâmes. Je l'aimais peut-être encore plus d'avoir su guetter ce moment unique d'une désintoxication, où le retour du pouvoir communicatif permettrait de prêter volume et solidité à une substance fantôme. Cette *parade* de l'œuvre qu'un manager trop adroit organiserait nuisait-elle au spectacle qui se donnait à l'intérieur, a-t-elle évité ou déconseillé d'entrer ? Cette *montre*, cette *affiche* (trop éclatantes) ont-elles paru suspectes et fait douter de l'authenticité de la représentation aux sceptiques. La réclame a-t-elle pris la place à leurs yeux ébahis de ce qu'elle devait se contenter d'annoncer (ou servir) ? On ne parle que d'elle. Je l'aimais parce que, avec ou sans l'opium, il s'agira toujours pour lui de donner forme à l'informe et de transmettre à tout prix ce privilège à autrui. Le voyage en moi était certes plus facile à Cocteau que ne m'était facile le voyage en lui. Mes drames restaient par trop sur terre. Ma démarche lourde montrait de reste que je ne possédais pas les ailes de ses anges pour marcher à ses côtés et n'avais pas accès à ce royaume d'outre-monde sur lequel il semblait si subitement ouvrir une porte, se préparant à rentrer chez lui à l'improviste.

Mon enfance avait été dévorée par la curiosité du palais souterrain de Simbad le marin dans l'île de Monte-Cristo. Je rêvais de l'étrange pâleur du comte enfermé depuis longtemps dans un tombeau et qui ne reprendrait jamais la carnation des vivants. Mais je n'ignorais pas, par Dumas lui-même, par ses bandits d'honneur et ses contrebandiers, combien illusoire se révélait ce songe de descendre dans la caverne d'Ali-Baba malgré qu'on s'attardât à fouiller la grotte de tous côtés sans relever la trace du plus petit passage. L'entrée de l'appartement enchanté demeurait introuvable derrière sa muraille granitique, impénétrable comme l'avenir. Et si nulle porte ne pouvait s'ouvrir là avec aucune clef, je ne possédais pas davantage de mot magique.

Le poète savait transporter au-dehors les produits de sa mine et les rendre visibles à tous. L'enseveli soudain éblouissait, rayonnait au terme de sa prospection. L'infatigable travailleur qui continuait son œuvre souterraine ne s'imposerait que par cette agglomération de diamants et de pierreries, seule elle empêcherait qu'on l'oubliât dans la nuit de son cachot et qu'on l'abandonnât au désespoir de sa captivité. Il fallait exhiber les preuves de sa fortune et vivre sur une réputation d'opulence pour qu'on ne le jugeât pas fou. Sinon autant parler pour entendre le son de sa propre voix en restant seul et s'accoutumer à pareille obscurité. Cette révélation qui lui venait de ses grandes profondeurs demeurerait inintelligible s'il n'en reconstruisait chaque phrase, complétait chaque pensée et livrait à l'évidence du rideau de feu de la rampe le sens suspendu de ses plus rares poèmes. Il n'entendait pas mourir d'inanité près de l'équivalent des trésors des contes arabes qui dorment inutiles au sein de la terre sous les regards d'un génie. Il allierait ce qui paraissait la déraison même parce que surgie de ses conflits les plus intimes, les plus essentiels avec cette crédibilité, cette logique, cette grandeur admise par le bruit public des chefs-d'œuvre dépoussiérés, légués à qui savait mettre la main sur eux et jouir de leur propriété. « Trouver son propre style sur une base faite des hautes découvertes précédentes. » Cette recherche de contraintes extérieures, de disciplines fermes, de moules éprouvés à quoi se plier dans le travail aura beaucoup obligé Cocteau dramaturge. On s'expliquera mal parfois ces formes fixes, ces cadres d'inspiration qu'il empruntera à droite et à gauche, qu'il s'imposera à plaisir et par trop délibérément semble-t-il à ses contempteurs. La plupart se refusent à voir une authenticité dans cette méthode de récupération, dans ces réemplois. Ils prétendent qu'une œuvre *pousse* une unique forme inévitable, qu'elle ne se soumette qu'à sa très mystérieuse nécessité, qu'elle s'écarte de tout pour ne se devoir qu'à elle-même dans un progressif oubli de ce qui la précède et sur quoi elle s'assure au départ. Cocteau récupère, décape, fourbit, il tire des ressources souvent inattendues de moules qu'on croyait hors d'usage, de dogmes au rebut. « J'aime que vous soyez aussi ce roi des chiffonniers lorsque votre crochet rend vie et honneurs à la ruine des œuvres », l'asticotais-je doucement. « Attention que l'entrée de la grotte ne redevienne invisible et que ton chemin ne s'y torde en spirales infinies, se moquait-il à son tour : Ou bien que tes pierreries ne se changent en simples cailloux au grand jour. »

De combien de formes n'aura-t-il subi la tutelle et éprouvé la solidité : cette résistance qui lui est utile et sur quoi il doit prendre appui ? Etrange quête où il réanime règles et procédés tombés en désuétude ou dans quelque décri, et qu'il transgresse et transfigure. Mais combien admettent la valeur de ses choix successifs, et de voir le poète se ranger à des dogmes, des disciplines provisoires et qui ne pèsent pas sur lui ? « Petite œuvre — Il y a des œuvres dont toute l'importance est en profondeur. Peu importe leur orifice. » Cocteau, néanmoins, n'aura-t-il pas employé tous les moyens en son pouvoir et interrogé diverses figures du passé pour élargir cet orifice trop étroit, coûte que coûte ? Il était allé rejoindre ses trésors. Ce n'était pas trahir des intérêts précieux pour une satisfaction bien courte mais reconstruire les fêtes des âges révolus, en ranimer les spectacles éteints et rebâtir les représentations antiques comme s'ils continuaient sa pensée intime et secrète et montraient par là même des paysages et des horizons nouveaux, illuminés de lueurs violentes. Une voix assourdie par l'opacité perçait les murailles qui l'enfermaient. Elle travaillait à ma propre délivrance. « Il y a les sachants et les savants, l'enseignement supérieur fait les uns, la poésie les autres. Ne me privez pas de votre présence, ne me privez pas de votre voix, car je suis à bout à force de me cogner la tête contre mes murs. » De l'excavation pratiquée, un homme sortait tout entier avec une extrême agilité.

*
* *

Depuis avril 1963, Jean souffrait d'une rechute cardiaque dont l'exacte gravité nous échappait. Durant deux mois, nous restâmes coupés de lui, sans moyen de le joindre. La correspondance reprit mais on le sentait, d'une fois à la suivante, qui s'éloignait : « Pensez à moi si désarmé, si indigne. » En partie grâce à lui, aux premiers livres dont il avait dépendu de son soutien qu'ils vissent le jour, je découvrais l'Espagne. Nous lui écrivions de Madrid, de Pampelune, de Saint-Sébastien. Il n'y avait pas si longtemps, c'était Jean qui passait de fête en fête, de discours en discours, de poème en poème, de cave en cave, de flamenco en flamenco, de corrida en corrida. Ce

32

jour-là, à Jerez de la Frontera, il nous emmenait avec lui à la course. Il avait tenu parole. Il nous y avait conduits mais sans plus pouvoir nous accompagner. Aucune amertume de sa part mais le même don de soi, la même surprenante vocation à être heureux ou malheureux par et pour autrui.

Un jour comme les autres, ce 11 octobre 1963. Passé à écrire, peut-être à lui écrire pour le remercier. Nous le remercions toujours de quelque chose. Je n'ai appris sa mort qu'avec douze heures de retard. La France entière devait être au courant. Et d'une façon qu'il aurait approuvée. Dans l'obscurité. De la bouche de Claude. Elle ne tenait pas à voir mon visage. Nous sommes restés longtemps sans parler. Avec la certitude que nous pensions en même temps aux mêmes choses. Ce soir, cette nuit d'octobre, le « terrible zéro », « le zéro des arènes » se refermait sur notre amitié et engloutissait le poète devant mes yeux douloureux. Quarante-huit heures seulement s'étaient écoulées depuis son dernier envoi : les douze dessins terminaux d'une série qu'il m'avait offerte pour illustrer divers textes et ouvrages sur la corrida. Je me répétais absurdement, dans l'obscurité, cette phrase du *Grand Ecart* : « Rien ne ressemble plus à un coucher de soleil qu'une corrida. » Ces dessins, c'était donc le couchant, les fanfares de la mort sonnaient pour le poète tandis qu'il achevait de poser les banderilles de feu de ses crayons et embrasait, incendiait le zéro, le terrible zéro. Déjà se pressaient El Cordobes entouré d'un épineux buisson de style flamboyant, léché par les langues du feu qui sont aussi les cornes qui le ceignent, le cinglent, le bousculent et à certaines heures le font resplendir au milieu de quel brasier, porté au rouge vif ; Curro Romero, la veine frontale gonflée par la crainte et la lutte qu'il livre contre, par l'interrogation alarmée au taureau. Le double taureau, celui furibond et retors qu'il se doit d'affronter, celui de rêve, « un taureau que même une mère n'oserait en souhaiter le pareil à son fils », et qui seul lui permettra de prononcer l'oraison de quiétude, de tracer ces passes interminables qui paraissent s'inscrire dans l'air et ne pouvoir s'évanouir tout entières ; Pedres, le regard creusé sous la barre noire et opiniâtre des sourcils, ce Pedres parvenu à la maîtrise de son art, qui triomphe par le défi et que l'obstacle élève. Le poète bientôt se limite à quelques lignes qui campent une silhouette, « piquent l'insecte dans le vif, comme ce profil de Georges Auric où je donne la ressemblance par l'emplacement de l'œil qui n'est qu'un point ». Deux points, deux arcs écrasés, le juste équilibre d'une virgule de cheveux et d'une mince cravate de torero, et Pedres semble surgir de quelque au-delà que suggère la feuille si blanche, sonder quelque chose ou quelqu'un qui peut bien être son adversaire mais qui le dépasse aussi infiniment.

Circuits rapides de l'homme froissant du pied la grève et dont l'ombre ne tient qu'à un fil à la minute de s'évanouir hors de l'arène du temps. Précision mathématique de ses dernières voltes, la note funèbre résonne alors pour lui. Prince métamorphosé en Bête — le frontal armé, le berceau des cornes grandit au-dessus des frisures de la tête à la renverse pour mugir —, victime et bourreau de soi-même — Heautontimorouménos —, le poète atteint à la source la plus souterraine du mythe : la célébration du meurtre rituel, où le sacrificateur s'identifie avec le taureau ou Minotaure, blessé par les piques, banderilles et estocs :

> De Crète s'élève un meuglement pour la mère
> Une stupeur de ce jardin sur le garrot
> Le soc noir qui laboure une inhumaine terre
> D'où fleurissent les jambes roses du bourreau.

Comment l'oiseau fabuleux, le Phénix, qui se condamne à périr pour renaître de sa cendre, également bourreau et victime, ne présiderait-il point au sacrifice de l'arène ? Où le poète pouvait-il mieux que dans une plaza de taureaux, de cette Espagne qui se brûle sans cesse pour vivre, se reconnaître en ses morts innombrables et ses résurrections ? La couleur se hausse, s'exalte, flamboie. Ultime étincellement avant la nuit. Il avait vaincu encore une

34

fois sa pauvre main malade et m'embrassait « mort de fatigue ». Hâtivement griffonnée sous sa signature, telle serait donc désormais la dernière petite phrase qu'il m'adresserait. On le croyait fait en acier. Ce 11 octobre 1963, j'écoutais Jean s'éloigner avec son chant dans le noir. Je craignais qu'il cessât d'une minute à l'autre et ne pouvais admettre d'en être séparé. Je n'ignorais pas que je devrais bientôt partir pour le retrouver dans l'écriture inhabitable *à vie*. Que passent les années ! Je l'entendrai de plus en plus fort et un jour peut-être ! C'est ce qu'il fallait essayer de dire.

II. L'exception et la règle

> *Une trop grande liberté, un fais ce que
> tu veux commode, met la jeunesse dans
> l'impossibilité de désobéir alors que rien
> d'audacieux n'existe sans la désobéissance
> à des règles.*
>
> Discours sur la poésie

> *En art, ne se laisser convaincre que par
> ce qui convient violemment au sexe de
> l'âme. A ce qui provoque une érection
> morale immédiate et irréfléchie.*
>
> Journal d'un Inconnu

La Corrida du Premier Mai se montra assez active
pour cabrer, pour indigner plus d'un amateur. La beauté
du texte, Cocteau aurait bien dû se douter — mais l'igno-
rait-il ? — qu'elle ne représenterait que laideur et diffor-
mité pour beaucoup. Se déshabiller ainsi l'âme à la
faveur du rite de la corrida secoua le *Vieil Aficionado*
jusqu'au tréfonds. Ce critique, amateur chevronné au
demeurant, était l'être le plus fermé à tout fantasme, le
plus attaché à une police et à une morale conventionnelles
et à une tauromachie immuable, pétrifiée une bonne fois
dans des normes qui ne souffraient pas d'exception. Aussi
étrange que cela puisse paraître, c'est à ce champion
d'une tradition et d'une absence de tout horizon vérita-
blement neuf, seul moyen de se protéger contre le chan-
gement toujours monstrueux, que Cocteau se référait le
plus souvent dans son livre comme à une autorité supérieure. Peut-être avait-il besoin de prendre appui sur une
régulation souveraine affirmant une réalité objective et
donnée à jamais du spectacle dans son principe et ses
méthodes pour mieux la saper par les visions les plus

singulières et les hantises les plus troublantes et en ruiner l'impératif ? Avec un flair infaillible il s'était découvert le juge le plus intolérant et le plus sectaire.

Don Enrique, de toute évidence, ne se démêlait pas sans d'extrêmes difficultés de l'enchevêtrement de rêve éveillé et ses nerfs en pelote avaient du mal à s'en débrouiller. Et peu importait que de telles paroles lui arrivassent d'un poète indésirable, qui empêchait son cerveau de ronronner, ou du sommeil ou d'un monde inconnu. Il ne se toquerait pas de Cocteau pour autant. Des images détestables lui revenaient à l'esprit. Un spectacle fabuleux et pervers se mettait en marche. Le couple du taureau et du torero s'y révélait dans un tourbillon de luxure de sexe ambigu et se donnait au plaisir insolent. Son cœur battait à tout rompre car il avait l'impression que la séduction de la vie était là avec son insidieuse ivresse et qu'il troublait ses mystères. Sa mort prochaine ne l'appelait pas dans cet enfer en compagnie de bestiaires qui toréaient de la manière la plus équivoque et la plus lascive. Il appliquerait le fer rouge. Inutile d'affectionner beaucoup Cocteau pour détester ce zèle suspect ! « A présent, rien à faire : nous sommes mélangés à tous ces échanges de sexes, mariés à toutes ces épousailles, associés à tous ces dérèglements, impliqués. » Il me restait à annoncer la bonne nouvelle à Cocteau. Elle se résumait à peu de chose : « Mais vous l'êtes répugnant et morbide pour un Don Enrique. Sinon comment pourrions-nous vous aimer. Accordez-nous quand même la préférence. »

Une colère morne accablait Don Enrique. Le citant par son nom, Cocteau l'avait attiré traîtreusement dans les coulisses d'un univers effarant dont il refusait en bloc de recevoir des lueurs nouvelles. On y bafouait les prestiges virils de la corrida. Il secouait la tête. Il n'y avait rien qu'il tînt à voir de ces étreintes tortueuses. Le poète le forçait à commettre une imprudence et il ne doutait plus d'être dans une sorte de coma. Ce Minotaure qui se donnait au plaisir en multipliant les sexes à l'heure de mourir. C'était tout son passé d'aficionado conscient qu'on piétinait. Quel abîme ! La folie de Cocteau s'accrochait à son esprit et reprenait des forces à l'improviste. Sa lettre ouverte qui se traînait péniblement d'une ligne à l'autre ne le délivrait pas de l'étouffement indigné qui le menaçait. Malgré le blâme public infligé, il restait sans défense contre les séductions du poète et ses mensonges criants de vérité. « Le pauvre, me chuchotait Claude, à son âge il n'arrive plus à reconnaître avec certitude lequel du fauve ou de l'homme est le héros, lequel l'héroïne et ce moment de la course où il lui faudrait dire il ou elle pour l'un et pour l'autre. » Don Enrique s'irritait des bouleversements apportés à la fois par le temps et par les rêves du poète à *sa* corrida, à l'édifice patient, cimenté par un demi-siècle de fréquentations assidues des arènes. Sa peur et sa prudence dans le noir l'empêchaient de circuler à l'aise à travers le dédale nécessairement crétois de révélations, de prodiges, de catastrophes, dont Cocteau possédait seul les clefs et où se célébraient des noces androgynes d'une détestable séduction : l'alliage de l'homme et de la femme dans le corps de chacun des combattants, miracle invraisemblable, grâce à quoi le fauve et son dompteur retrouvaient la plénitude de l'unité perdue avant de s'anéantir. Laissons le *Vieil Aficionado*, éveillé au cœur de la nuit, violent et malheureux, accumuler ses preuves contre cette sorte de merveille, ce mélange de corps et d'esprit aux voluptés les plus folles, qui n'était pas son genre de beauté, en effet.

Cet été-là, les personnages de Clergue avaient fini par se substituer au monde réel, par devenir aux yeux de Cocteau un monde réel mais plus fort que le nôtre, certaines de ses photographies se mariaient, se confondaient aux figures du poète, formaient avec elles un étroit amalgame, un bloc indissociable de présences communes. Nous ne l'ignorions pas. Il nous avait toujours rendu un compte exact de son *audacieuse entreprise de collaboration cambrioleuse*. Il poursuivait son dur travail décoratif, se battait comme un fou avec les lignes et les courbes de sa chapelle romane de Villefranche, luttait contre les fautes de dessin qui sortaient des murs à la manière des lézards et entendait se montrer digne des *épreuves* de Clergue dont il s'inspirait comme modèles de plus vrai que le vrai. Aucune surprise par conséquent lorsque nous visitâmes les lieux pour la première fois avec Claude en découvrant les gitans goyesques de Clergue devenus centurions romains. Le poète les traduisait dans une langue nouvelle, il ne les chapitrait pas exactement mais convertissait ces merveilleux forcenés en train de grimacer, de gesticuler, de s'affronter en des mimiques et des attitudes résolument obscènes. Nous nous demandions seulement jusqu'où allait le zèle de l'évangélisateur. « Pas de conversion complète » me susurrait Claude avec un sourire espiègle. « Il ne nous demande pas d'en croire trop. Je ne pense pas qu'on discutera demain sa canonisation. » Devant l'emmêlement de corps et de jambes, nous ne pouvions que songer « à la cuisse tortueuse sur l'autel de messes extravagantes », « au mollet du cierge qui coule gros » de l'*Hommage au Gréco*. L'épouvantable escorte de gars robustes fiers de leurs muscles, au premier coup d'œil, se levait des murs. Et nous surprenions l'intense jubilation du garde, les yeux hors de la tête, qui tord l'orteil du saint et qui sur ma foi va tomber en pâmoison. Il y avait par ailleurs là-dedans du supplice des cours de récréation, des tortures du début des *Enfants terribles* ou de la séquence du *Sang d'un poète*. Jusqu'au visage émerveillé de Pierre porté sur les eaux par l'ange, qui nous devenait passablement louche. Malgré le reste d'un rictus, il n'en finissait pas de basculer dans l'extase près de la joue caressante de l'ange mais parfois une plus trouble grimace remontait à la surface s'y juxtaposer. Non pas qu'ils ne fussent tous ce qu'ils s'avouaient à présent mais ils participaient d'une autre réalité qui résistait encore et maintenait son pouvoir. Allons, l'équivoque était bien entretenue. Cocteau se glissait preste entre ses juges une fois de plus. Parmi les coquillages et les tiares, la troupe gitane de Clergue continuait en toute quiétude à en faire de belles. Aucun grand inquisiteur ne brandirait les foudres de l'excommunication. Nous avions eu quand même un petit peu plus de chance avec *La Corrida du Premier Mai* et réussi à scandaliser, à mettre en émoi l'*aficion*.

Dialogues

I. La chambre des pairs

> Un artiste ne peut attendre aucune aide
> de ses pairs. Toute forme qui n'est pas la
> sienne doit lui être insupportable et le
> déranger au premier chef.
>> De la beauté in La Difficulté d'être

> L'esprit large juge à vol d'oiseau. L'amour
> ne saurait avoir l'esprit large. Il est for-
> cément injuste et, en fin de compte, le
> vol d'oiseau est un point de vue plus écœu-
> rant que le télescopage brutal des pers-
> pectives exigé par une prédilection.
>> Des Beaux-Arts considérés
>> comme un assassinat

Cocteau ne se vexait jamais. Malgré les titres et les
académies, il négligeait comme peu de jouer la dignité
offensée. J'oubliais son âge et il n'était pas du tout dans
sa manière de me le rappeler. Tout à fait au début de
notre amitié, avant même ma reconstitution de sa *Corrida du Premier Mai*, je l'avais interrompu alors qu'il
émettait de sérieuses réserves sur *Nadja* de Breton :

— Je ne comprends plus. Vous parliez du plaisir donné
par un objet volé, un apport spirite, la possession de
quelque chose d'aérien, de détaché. Vous affirmiez que
l'intrusion de ce livre créait dans votre état de solitude
une situation analogue à celle qu'illustre la phrase de
Goethe : « Je t'aime ; est-ce que cela te regarde ? »

— L'œuvre s'est décolorée. Elle paraît éteinte, passée
de ton. Elle m'est gâtée par le côté Saint-Just dans la
chambre de Robespierre déclarant : « Chénier ? Un
poète ?... Inutile... A mort ! » Le chef-d'œuvre du mot de

collègue, n'est-ce pas ? puisque Saint-Just a des poèmes plein les poches.

— J'ai horreur comme vous de cette confusion entre la guillotine et l'écriture. Mais tomber amoureux rend son lyrisme à Breton, une poésie active qui l'amène à parcourir des itinéraires inspirés dans une quête éperdue du merveilleux et de la rencontre.

Je ne me suis jamais repenti de lui avoir dit cela avec la décision de qui pour la première fois ne se trouve plus perdu parmi des étrangers.

L'autre fois, nous avions exceptionnellement rendez-vous dans le hall du Negresco à Nice.

— Tout de même, la Chine de Malraux, cela fait sacrément Claude Farrère. Non ? me défiait le poète.

— Sans blague ? Ça alors ! N'oubliez pas que vous avez écrit que les spectateurs qui confondaient votre pièce *La Voix humaine* avec du Bataille étaient les mêmes personnes qui prenaient un paysage de Corot pour un paysage d'Harpignies. Ne commettez pas la même erreur. Car, vous, vous n'avez aucun droit au crime d'inattention.

— Mais enfin, quoi ? Les colonies et les fumeries d'opium. La femme fatale, les pagodes, les lanternes. Tu ne reconnais donc pas ?

— Vous l'avez encore dit (que n'avez-vous pas dit ?) : « Celui qui reste aveugle en face de la grandeur de *Locus Solus* de Raymond Roussel ne peut rien découvrir dans leurs œuvres qui excuse la gloire d'un France ou d'un Loti. » D'accord avec vous ! Adoptons Malraux pour ce qui l'écarte de Farrère et des autres académiciens de la colonie et du pittoresque. Pour la grande voix du sang, du silence en proie aux démons et de la nuit.

Nous ne sommes plus tellement fâchés l'un contre l'autre lorsque la voiture glisse un instant plus tard sur la route bleue de nuit, le long de la mer phosphorescente, en direction du Cap-Ferrat.

Une fois suivante — mais laquelle et combien de fois y eut-il ? — au Jules César, à Arles, nous nous reposions au soleil avant la corrida de l'après-midi, installés sur les chaises longues ou dans les fauteuils en osier tout près du parasol des tables. Je crois comprendre qu'on ne saurait distinguer aucune auréole autour des mots postiches des poèmes d'Henri Michaux.

— Michaux a pratiqué comme nul autre cette spéléologie de l'esprit dont vous avez voulu faire un sacerdoce : ce besoin de se chercher et de se suivre jusqu'au fond de soi, au risque d'y périr enseveli. Ses poèmes sont les rapports d'un témoin incorruptible et sans l'allure poétique, sans recherche frivole des recettes de beauté. Il brave, lui aussi, tous nos malaises et inspecte le vide qui ne l'est pas et où il situe ses drôles de propriétés inhabitables, retranchées. Le voyage même, en Equateur ou en Asie, y devient exploration du moi. Et l'étrange toujours se passe si naturellement que le naturel n'a jamais été plus étrange. Ce que vous prôniez par-dessus tout avec Rilke.

— Lis les deux *Cornets à dés*. Tu verras le poète. Le maître du genre. Et puis pourquoi parles-tu toujours par citations, même tirées de mes livres ? C'est agaçant à la fin.

— Sans doute comme les muets parlent par gestes. N'oubliez pas que mes amitiés sont demeurées longtemps des rencontres de fantômes.

— Quel estomac, ton amitié, se déride Cocteau.

Je venais de me rappeler que c'était son jour de naissance. Cet anniversaire coïncidait avec les fêtes d'Arles et nous pûmes de la sorte célébrer plusieurs 5 juillet, réunis. Il avait soixante-dix ans et devant lui s'allongeait une nouvelle décennie menaçante. Sans doute le voulions-nous invulnérable, plongé dans un bain conservateur ! Je ne pensais pas qu'un jour pas si lointain, Jean mort, je regarderais le phare du Cap-Ferrat tourner sur la mer silencieuse, passer sur les barques de pêche et les navires de guerre à l'ancre, grimper le désordre à pic des collines. Si près de la villa qu'il habitait, cette lumière brûlerait toute la nuit et me balaierait au passage, guetteur veillant sur le néant dans l'obscurité inquiète du chemin de ronde qui suivait les fortifications de Vauban.

« J'ai cessé de lire Aragon et *Les Lettres françaises*

45

afin de conserver intact par-devers moi le souvenir de ce que j'aimais tant dans son œuvre et aimerai toujours. Cela fait plus de douze ans que je m'abstiens désormais. » Nous longions, ce matin-là, le rempart déchaussé qui enfermait la vieille ville. Les plis aux arêtes aiguisées de la butte d'Arles s'inclinaient en pente douce jusqu'au fleuve. En coupe contre un ciel de vent, des tombes de l'époque romaine tranchées à même le roc.

— Eh bien ? Où habites-tu ? A Arles ou dans la lune ? Douze ans après, il serait temps de dissiper les chimères et de te réveiller.

— *Les Lettres françaises* sont-elles encore dans la politique mais elles ont beaucoup voyagé sans doute. En ce qui concerne Aragon j'imagine bien qu'il n'est pas resté en place et qu'il aura eu quelques occasions. Travaille-t-il toujours dans la justice ? Ah ! les prestiges du Saint-Office sont immenses sur certains cerveaux. Obligé ou pas, cela l'amusait-il de cautionner de tels excès ?

— Ne répète donc pas ce que tout le monde dit, soupirait Cocteau. Les racontars se répandent. Ne leur accorde pas trop d'importance. Son intervention ne m'était peut-être pas exactement indispensable à la Libération mais il ne m'a pas laissé tomber. Il m'a aussitôt couvert de son autorité.

— Persécuté persécuteur sans doute, chuchotai-je à part moi. Mais avec lassitude. Un acharnement de routine. Coupant par la force de l'habitude. Par le pli pris. (Je hochai la tête :) Et derrière tant de défiance, plus ou moins enfoui sous les principaux chefs d'accusation, un charme qu'il n'exerce pas sans suspicion, dont il se garde devant tout étranger comme d'une tare, d'une faiblesse, trop assuré d'être irrésistible, souverain. Mais cela aussi l'ennuie, voire l'irrite, avec la plupart des gens considérés séparément.

J'avais rencontré Aragon à Aix, en 1948 ou 1949, au cours de *la Bataille du livre*. Après un dialogue avec les étudiants de la faculté des lettres, nous nous étions retrouvés à sept ou huit en sa compagnie dans un très simple restaurant, attendant l'heure de la réunion politique. Je m'intéressais maladivement au poète et, assis à peu près en face de lui, je le regardais avec une curiosité qui durait. Les yeux très clairs, entre bleu et gris, ne se posaient guère ou regardaient ferme un instant, sans sourire. Muet, il ne semblait pas si sûr d'avoir tellement bien réussi dans la vie et même assez désarmé, incertain. Sa force était verbale et il n'avait pas à l'employer. Je m'enhardis à demander dans le silence déférent :

— La littérature telle qu'il la prônait ne tendait-elle pas singulièrement au journalisme et à occuper le même rayon ?

— Je préfère le journalisme aux confessions de fous.

Le regard s'était enfin éclairé comme quand on appuie sur le commutateur : sans douceur, métallisé, avec de froides étincelles.

— Peut-être que toute grande œuvre est une confession de fou qui se lit comme du journalisme. Voyez Dostoïevski, soufflai-je.

« Tu as l'épiderme sensible. Tu t'écorches facilement. Mais sans ta sauvagerie, tu perdrais le meilleur de toi-même », s'amusait aujourd'hui Cocteau. Et après une courte pause : « Beaucoup de choses certainement risquaient de ne pas plaire à Louis. Reste à prouver qu'elles étaient évitables. Toute cette histoire demeure rudement plus compliquée que tu ne supposes. Et puis tu retardes. Il m'a communiqué récemment un long poème. Ça s'intitule d'ailleurs *Le Roman inachevé*. C'est ce que j'ai lu de mieux depuis longtemps. Il revient et il revient fort. » Bien des années plus tard, je relirai tout Aragon et je tâcherai de déchiffrer un peu à travers le souvenir de Cocteau cette énigme de mon adolescence, ce sphinx croisé à la porte, dont l'œuvre n'en dominera pas moins de très haut la saleté du temps.

Tout de même, lorsque Jean présenta une grande exposition de dessins de Picasso, en juillet 1957 à Arles, une frontière s'effaça qui nous avait longtemps séparés des autres. L'art moderne triomphait naturellement et le monde changeait de couleur dans une ville qui cessait d'être en marge.

Nous grimpions des escaliers entre des branches de figuiers des ruines et Cocteau, d'une surprenante absence de poids, s'appuyait à peine à mon bras. Il ne soufflait pas, ne bronchait pas et ne ralentit légèrement le pas que parvenu en haut des marches, près des saillies de l'ancien chemin de ronde. Ces écrivains apparemment invincibles sur le roc de leurs œuvres étaient aussi des êtres très vulnérables. Je ne me demandais même plus en quoi ils étaient fabriqués, je les voulais sortis du pétrin et ils me répondaient : « Matériaux de mauvaise qualité. » J'ignorais par chance si les médecins étaient d'accord là-dessus ou si les raisons des écrivains leur échappaient. Leiris s'empoisonnant, il y avait eu ce déclic dans la suite des jours. « Enfin, de quoi avez-vous bien pu discuter avec Leiris, ce matin-là ? » Un homme corseté, sanglé dans son attitude, qu'un invisible carcan enserrait avec une brusque inclinaison du buste en avant sous la nuque droite et raide, comme ankylosée. Cet être de chair souffrait de livrer sa forme vulnérable. Nous parcourions les salles du musée Réattu à la suite de Picasso et Leiris s'attardait près des fenêtres par lesquelles le Rhône s'élargissait sous nos yeux, puissant et calme comme un lac, avec ses berges limoneuses et ses bordures de saules à moitié immergés. Il se résignait mal à n'être qu'un littérateur et rêvait corne de taureau et d'en assumer le risque dans l'écriture. Passionné de corridas, il éprouvait une difficulté grandissante à se rendre aux arènes. Plutôt que de se satisfaire de ce rôle de voyeur, il s'obstinait à combler le fossé entre le vécu et l'imprimé. « De la littérature considérée comme une tauromachie » s'achevait en une esthétique qui se réclamait de la beauté tragique du combat, et au-delà en une règle du jeu, un code d'affrontement authentique, l'ordonnance d'une confession aussi rigoureuse que le duel de l'homme et de la bête, où on lutterait contre soi de plain-pied sur un terrain de vérité avec la même ferveur efficace dans le style, en quête d'architectures passionnées. Soudain, ce

fut stupéfiant, rapide comme l'éclair et si imprévisible !
La main droite maigre et assez velue s'immobilisa dans
un geste, la paume offerte, et attira mon regard qui se
posa sur elle. D'une brusque secousse, d'un soubresaut,
Leiris l'arracha littéralement à ma vue et la plaqua contre
son flanc. Je me refusais de ciller, il ne s'agissait point
de montrer à quel point j'étais dérouté. « Le suicide
était peut-être là dans cette saccade » constatera Cocteau
quelques semaines plus tard, m'apprenant que Leiris
avait voulu mourir et qu'il avait avalé le contenu de plusieurs flacons de barbituriques : « Il montrait à tel point
sa nudité. » Il reprit lentement : « Ces titres terribles :
Biffures. Fourbis. Fibrilles. Cette construction d'une identité qui ne cesse de se détruire en se contrecarrant. Cet
écart intérieur que l'on accuse au lieu de se décider à le
franchir. Cette distance à soi que l'écriture ne comble
plus. Cet instrument précis d'une désillusion. » Il eut une
petite grimace douloureuse : « Cette interminable auto-
biographie qui n'est que manque, absence du poème, qui
en vient à douter de plus en plus de lui et à le remplacer
par un discours sans fin sur son impossible avènement.
Mais comment supporter ça toute une vie ? » Il leva les
yeux sur les miens et réfléchit une seconde : « Se décor-
tiquer à ce point dans un fichier en se raturant, en se
corrigeant, en se dénonçant sans trêve ni repos pour ne
nous donner plus à entendre que cette aspiration aride
à la poésie, c'est assez incroyable mais c'est encore plus
effrayant. » Comment lui faire comprendre que tout dans
La Règle du jeu me paraît admirable et que je regarderais
encore aujourd'hui Michel Leiris avec une envie déses-
pérée, jusqu'aux barbituriques inclus ?

— Il va encore très mal.

— Il est hors de danger avec au cou la cicatrice de la
trachéotomie.

Jean, bien sûr, n'avouait pas sa fragilité. Il attendait
de se retrouver seul pour faire crier le papier. Il réclamait uniquement de la confiance et vous acceptait en
échange dans son univers fabuleux. Ce 7 juillet 1957, la
foule accourait par les ruelles encaissées et se bousculait
aux portes des arènes. Une grande bande de calicot aux

armes de Picasso, accrochée entre les deux rangées d'arbres du boulevard des Lices, remuait calmement sur la ville. Leiris s'était levé de la tombe après une plongée de trois jours dans le néant du comã, avec la trace de l'insecte à six pattes incrustée au-dessous de sa pomme d'Adam comme une empreinte ineffaçable. Luis-Miguel Dominguin, le plus scientifique de tous les toreros, allait dompter son adversaire et le plier à ses quatre volontés une fois de plus.

Sous la voûte de l'escalier qui descendait aux chambres, la moitié du corps dérobé par l'éventail de plumes de son aile, une figure allégorique conviait les hôtes de Santo Sospir au sommeil. Jean avait tatoué les murs blancs et nus jusqu'à l'âme. Cette maison était faite de ses empreintes, de ses traces, elle lui reflétait ses énigmes, ses mythes familiers. La ressemblance me paraissait tellement plus profonde que celle qu'auraient pu nous renvoyer de simples miroirs. Les murs l'avaient dans la peau, ses souvenirs y revenaient à fleur de mémoire. Du cabinet de toilette en mosaïque, j'apercevais la très simple chambre de son amie Francine. Le chasseur Actéon s'y métamorphosait en ce futur chassé. Il semblait plonger dans un ultime élan suspendu vers Diane surprise au bain, lointaine, inaccessible, contrainte de punir. La tête aux yeux douloureusement clos, surmontée de bois de cerf, il tendait encore un bras d'aveugle vers la déesse irritée qui venait de le changer en bête. La meute de ses propres chiens devait attendre dans quelque infini pour le dévorer. Je rompais le charme et me dépêchais de remonter au salon. Au-dessus de la cheminée, Apollon rayonnait sous sa chevelure flamboyante entre deux pêcheurs d'Antibes dans la silhouette desquels se creusaient des renfoncements avec quatre étagères de livres. Par les fenêtres de la terrasse, la baie de Villefranche obligeait Jean à regarder sa jeunesse.

« Je reconnais qu'il est difficile de s'extraire de ce que Genet appelait son catafalque. Il sort de là plus canonné que canonisé », m'accueillait-il. Je ne songeais pas le moins du monde à protester : « Six ans de grisaille, de cette imbécillité ou hébétude qui fait le fond de la vie, c'est bien ce que Genet a dû vivre après la parution du livre de Sartre. Le moins que l'on puisse accorder à Sartre, sous un certain angle, sur un certain plan, nous oblige à reconnaître qu'il a réussi d'emblée là où avait échoué François Mauriac. Il aura contraint le poète au mutisme alors que l'autre se contentait de le lui recommander expressément. »

« Le premier mouvement de Genet était de brûler le livre dont Sartre venait de lui confier le manuscrit. Aujourd'hui encore, il affirme le même dégoût, le même malaise s'emparant de toute sa personne à se voir dénuder par quelqu'un d'autre que par lui, sans féerie, avec un prosaïsme qui ne se dément pas une seconde. » Je savais combien il aimait Genet. Dès 1942, en pleine Occupation, il déclarait devant la Cour de Justice le tenir pour le grand écrivain de France et réussissait à le faire acquitter, gagnant le procès de l'anticonformisme intégral. Effrayé de l'énormité de l'inconnu, terriblement perplexe à pareille époque sur un bon usage de Jean Genet ; à Paul Valéry qui lui conseillait de laisser tomber, il ne put que répondre : « Je ne veux pas être responsable d'un avortement. » Quelle œuvre découvrait-il là, dont la démesure lui faisait par une sorte de sacre inversé porter à son front illustre les mains de Genet ? Rien de visible ne l'y obligeait. Je connaissais son credo : « Notre royaume n'est pas de ce monde. Mais de quel monde ? Voilà le problème. Nous devons participer à quelque mécanisme invisible et représenter notre univers devant je ne sais quel tribunal qui nous juge. Ce n'est certes pas le tribunal imaginé par des hommes qui veulent prouver les choses dont la seule grandeur est d'être improuvables. »

— Curieux néanmoins que vous ayez acquiescé le premier : « Pourquoi les poètes ne peuvent-ils être ce qu'ils se devraient d'être : des professeurs. Mille superstitions entravent un poète. Chez Sartre, absence totale de superstition. Il passe sous toutes les échelles. »

— Quel homme de lettres, un peu vicieux sur les bords,

n'a rêvé de goûter les hontes exquises et autres péchés radieux ? se détendit Jean. Le professeur Sartre subit profondément le charme pénétrant du voleur, du pédéraste et du traître : les trois vertus théologales de Genet mais surtout de l'admirable aventurier du verbe. Genet, qui ose agir et penser en actes, se lasse un peu de barboter le fruit défendu et voudrait disserter du bien et du mal avec la science du professeur. Ainsi va le monde !

Jean fit une courte grimace mais sa voix devint blême :

— Et Sartre me traite en prime de faux-monnayeur.

Le philosophe lui avait encore joué un de ses bons tours.

— Lui aussi vit dans la contradiction, voyez-vous ! Je ne puis assumer qu'un mandat que personne ne m'a donné en dit long. Et davantage : « Si une voix s'adresse à moi, c'est toujours moi qui déciderai que cette voix est la voix de l'ange. Rien ne me désigne pour être Abraham. » Votre Thomas l'Imposteur se rattache-t-il assez à sa mythologie ? Ne se comporte-t-il pas comme le comédien et le martyr de sa propre image ? Il joue sa fable et la mort la sanctionne.

— Sans doute. Mais Thomas n'est qu'un enfant qui, à force de jouer au cheval, devient cheval.

— Dans ces conditions Sartre, qui nous veut truqués par nature, ne saurait accepter ce mensonge qui devient si naturellement vérité. Par chance pour Thomas, son rêve et sa réalité ne font qu'un. Comme tout poète, il se prend au mot et y découvre son vrai destin. Il n'éprouvera jamais ce manque d'être propre aux héros sartriens qui doivent coûte que coûte jouer ce qu'ils sont et se défient de cette apparence invariablement fabriquée.

Jean fit deux ou trois pas, se retourna. Il ne restait jamais bien longtemps tranquille. Une grâce nerveuse perçait à travers l'aisance de ses manières, de ses mains sans cesse en mouvement. La terrasse qui s'étendait tout au long de la façade apparaissait aveuglante de soleil.

— Tu as eu raison de t'adresser à Ionesco. Comment le trouves-tu ? et il tenta de m'avertir : Ce comique n'est pas un homme gai. Pas d'abord drôle mais *absurde*. Car rien ne lui paraît aller de soi. Il a toujours l'air en pleine invraisemblance, quoi qu'il fasse. Au fond, il s'étonne certainement de ne pas fondre dans son bain comme un morceau de sucre. Cet auteur d'anti-pièces se rapproche de jour en jour du théâtre tout court, me confia encore Cocteau. Désormais on ne se sautera plus dessus à cause d'un hachis de mots, d'un simple ricochet de syllabes avec rime mais sans raison comme dans sa *Cantatrice chauve*, on n'extériorisera plus une colère démente en se jetant à la face un dictionnaire en désordre, les lettres même de l'alphabet. L'Odéon, la Comédie-Française obligent en bien et en mal à élargir nos méthodes, à leur donner de l'ampleur. (Il pointa l'index vers ma poitrine :) Ionesco ne cesse de se demander si la critique est possible, qui ne nous éclaire jamais sur notre propre métier, et de contester la valeur des idéologies. Sur pareil champ de bataille, la mêlée est inextricable. Il faut dépasser ça, vois-tu.

Là-bas, les lignes capricieuses de Villefranche avec ses étages, ses escaliers et ses tunnels n'étaient plus qu'un décor qui se résorbait dans la lumière.

— Sans doute. Mais avez-vous remarqué que, selon vos prévisions, dans *Victimes du devoir* on contrôle les rêves ? Et ce n'est pas seulement le contrôle des psychiatres mais celui de la police. On punit les actes du rêve.

— Précisément. (Jean parlait toujours en direction de la mer radieuse.) Puisse Ionesco ne pas tomber dans un symbolisme trop appuyé, trop caricatural — déjà avec *Rhinocéros* mais sans doute lui fallait-il grossir le trait ! Nos fables, nos mythes avec leur densité, leur complexité de rêve ne se laissent pas si aisément réduire et condamner par les juges. Combien de temps Ionesco sera-t-il le plus rapide ?

Dans l'éblouissement du printemps sur la mer, Jean déjà s'éloignait par instants, séparé de ce havre qu'il devait abandonner.

II. L'appel du Val-d'Enfer des Baux

Si dans ce monde-là je découvre une porte
Ouverte sur le monde humain
Vous aurez peur de voir une personne morte
Et je rebrousserai chemin

Clair-Obscur

L'équipe du film l'avait quitté. L'éblouissante fête de l'esprit qu'il venait de nous donner demeurait vivace en lui avec ses ombres et ses échos d'émotions incomparables qui l'escortaient et vibraient encore au rythme de son pas. Des jumeaux de ma famille nous accompagnaient. D'une douzaine d'années, assez identiques pour qu'il soit difficile de les distinguer l'un de l'autre, mais Cocteau avait paru savoir tout de suite auquel des deux il s'adressait. « A quoi ce qui nous entoure vous fait penser ? » leur demanda-t-il abruptement avec l'espoir d'une trouvaille qui l'apaiserait par la puissance du mot. Il ne devait pas être déçu. La réponse jaillit instantanément : « Mais à une éponge. »

Fenêtres sans vitraux, perrons sans balustres, le blason des portes mangé de mousse, le trèfle des ogives cassé, le village des Baux retournait à l'état de ruine. Tout était de nouveau silencieux, éteint, inanimé. Le vent tombé laissait une clarté inquiète ruisseler dans les niches étonnamment hautes et spacieuses des carrières. Ces trous de l'éponge, à travers lesquels il s'était livré au plus extraordinaire chassé-croisé avec le temps, avec la mort, l'investissaient à cette minute d'un isolement total tandis que du mois écoulé ne subsistait que songe mis en conserve. Les moindres rôles du *Testament d'Orphée* tenus par des artistes connus, un défilé incessant de vedettes, de journalistes et de curieux semblaient s'être

engouffrés par ces excavations comme dans des souter-
rains donnant sur le néant. Il avait voulu l'espace d'un
film ignorer l'hier, l'aujourd'hui, le lendemain, à quoi la
condition humaine est soumise. S'amuser un peu et tirer
la langue à la mort. Mais aucun cadavre tangible à veiller
ne restait derrière lui de ce mois écoulé dans la décou-
pure des carrières et sans doute se persuadait-il posséder
une vie enchantée. Au milieu de toutes ses morts, la mort
elle-même ne s'y retrouverait pas. N'importe quoi pouvait advenir à présent sans autrement m'étonner. « Marie-
Antoinette dans sa charrette sait bien qu'elle ne vit qu'un
moment comme un autre, qu'elle est encore en train de
jouer à la marelle dans le parc de son palais à Vienne et
que mille livres ont déjà raconté sa vie. » A dénoncer de
la sorte la piperie d'une perspective, il lui demeurait très
difficile de conclure. Ce qu'exprimait clairement Cégeste
s'abritant sous l'identité de Dermit et partagé entre ces
deux personnalités de jeune peintre, fils adoptif de Cocteau et de créature de l'au-delà : « Parfois, je vous reproche de m'avoir abandonné dans la zone des ombres. Parfois je me félicite de vivre en dehors du monde absurde
où j'ai vécu. » Mais il n'en criait pas moins sa révolte au
poète, à ce Cocteau hanté de visages morts et disparus,
hanté d'amis escamotés et qui n'admettait pas que ce fût
pour toujours. « Connaissez-vous ces taches de moisis-
sure qui simulent un profil ? Je ne sais quel charme de
ma lèpre trompe le monde et l'autorise à m'embrasser.
Tant pis pour lui ! Les suites ne me regardent pas. Je n'ai
jamais exposé que des plaies. » Prévenu condamné à la
peine de vivre par la commission d'enquête de son film,
Cocteau s'entendait dire : « Le minimum. Surtout à votre
âge », comme si frappait le coup annonciateur de la
mort ! Une infinie procession d'ombres semblait vouloir
le rappeler dans les carrières. Qu'allait-il se passer maintenant, aux heures obscures, inimaginables, bruyantes de
battements d'ailes dans les broussailles ?

— Quel misérable tu fais ! On ne t'a pas beaucoup vu
depuis le début du tournage.
— Je craignais de m'empêtrer dans le film comme un

animal au filet, de tout mélanger. En outre, je n'avais pas ma place dans cette espèce de ruche en désordre. Mais tout ici me paraît admirable. Vous êtes entouré de votre compte d'objets ensorcelés. Vous n'en avez oublié aucun. L'accroissant sans répit pour qu'il se montre à la hauteur de votre rêve. L'ornant de tout ce qui passait à portée de vos mains. (Ses yeux artificiels peints sur ses paupières baissées l'empêchaient de me voir.) Tu n'aimes pas Tiresias. La machine à rendre célèbre n'importe qui en quelques minutes avec les flots de rubans qui sortent de ses bouches. Non, ce n'est pas ton genre de beauté. Tu ne peux pas te sentir visé. Tu te situes aux antipodes à tes risques et périls. (Il raillait avec bonne humeur :) Tu n'aimes pas le Sphinx ? Cet animal qui nous entortille en s'enroulant autour de nous. Laissera-t-il passer Œdipe ? Sans doute. Parce que ce pauvre dupe fuit une quelconque Mérope et doit épouser Jocaste en des noces incestueuses. Puisses-tu te défaire de ses nœuds. (Sa voix se jouait avec une sonorité métallique mais on y percevait un soupçon d'anxiété :) Tu n'aimes aucune de mes machines ? Tu me les reproches, toi aussi.

Ces paupières nictitantes d'oiseau de nuit clignotaient un instant dans la lumière trop vive.

Marais allait sortir des portes de Thèbes, appuyé sur Antigone, en chuchotant des paroles incompréhensibles. Le poète le dépasserait sans que ses yeux artificiels puissent le voir sur ce terre-plein éblouissant de lumière. D'un claquement des doigts, je fis bon marché de tous les tours de cartes nécessaires à son film. Il brillait, ce jour-là, d'un suprême éclat en grand meneur de jeu, en champion incontesté d'un art de vivre et jusqu'au charme de ses prétendues extravagances avait une sorte d'existence propre. S'était-il assez interrogé : « Mais quel contrôle exercer ? Trop vigilant, il ôte à l'œuvre sa transcendance. Trop faible, il la laissera au stade du rêve et la privera de contact humain. » Il avait cherché à se rassurer dans ses crises de doute et de trop complète solitude et je connaissais la réponse qui ne me souriait qu'à moitié (Et à lui ?) : « Par bonheur une œuvre porte en elle sa défense. Elle consiste en de nombreuses concessions inconscientes qui lui permettent de convaincre l'habitude et de s'implanter par malentendu. » Etrange accord qui reposait sur une méprise. Cette équivoque dans la compréhension me semblait plus douloureusement restrictive que jamais. Il insistait avec le désir manifeste de crever l'abcès : « La vêtira un attirail décoratif propre à témoigner de sa présence, à intriguer, effrayer, séduire et sans le moindre rapport avec sa mission, d'un artifice pareil à celui des fleurs. » Cette dissociation entre l'être et le paraître, cette autonomie de l'aspect extérieur par rapport à une plus secrète réalité le divisait tragiquement et de quel désarroi naissait-elle qu'il avait renoncé à surmonter ? « Les trucages sont sans importance. On subsiste coûte que coûte par des signaux qui retiennent l'attention. Lorsqu'on a assez de prise, l'œuvre s'accroche et son germe se développe. »

Il ne se convertirait jamais à un soudain rétrécissement d'horizon ni ne réduirait notre vie à un espace étriqué. Son visage rayé, froissé, s'éclaira sous ses paupières peintes. Sa main tâtonna à la recherche de mon épaule qu'il serra doucement. Il engageait l'avenir en échange d'une simple vibration approbatrice : « Pas de bon, affectueux dressage. Quel bien cela fait-il à personne, à des gens comme toi et moi ? Un jour, tu découvriras le caractère unique de tes propres ressources enfouies sous le poids mort de l'habitude des autres ! Alors si tu dois me revoir dans cette phase d'excitation du film où je m'efforce d'entraîner tout le monde à ma suite, quelle chance ! Ce n'est pas une mauvaise heure. Ce n'est pas le pire moment d'une œuvre. Loin de là. (Il s'interrompit, ébaucha une grimace dubitative :) La réaction se produira peu après à cause de l'excès de dépense nerveuse. Mais on a tort de le montrer, voilà tout. Il faut payer sans en avoir trop l'air. » Sa démarche demeurait souple, légère malgré l'absence de regard tandis qu'il longeait le mur derrière lequel le Sphinx volait, croisait Œdipe sans le rencontrer et s'éloignait par la route des Baux, de cette terre qui, après tout, n'était pas sa patrie.

III. La reconstitution au théâtre du Cap-d'Ail

— On a bien raison de vous traiter de prestidigitateur, de fakir, de clown et d'acrobate mais dans quel drôle d'univers ! En 1925, votre pièce *Orphée* transporte dans l'au-delà une représentation de cirque et se réclame des mêmes disciplines. Votre passion pour le music-hall, les orchestres américains noirs, les gymnastes et les clowns fait merveille tout au long de cet acte unique. Vous écrivez d'ailleurs, à la même époque : « Voici mon théâtre. Sophocle se joue dans une cage à lions. Œdipe, avec une tête de lion et un costume de dompteur... » (Il y a même la petite porte de secours ouverte, loin de ce *midi* implacable de la Grèce sur une rue simple de Nice à sept heures.)

— De ces méthodes du cirque appliquées au domaine de l'esprit, j'entendais faire les serviteurs du mythe, son véhicule le plus direct et neuf. Le rajeunir d'un coup grâce à des moyens jusque-là réprouvés, dédaignés, qui se révélaient à l'usage frappants et vrais. L'envers du lyrisme habituel, de mise en pareil cas. Le contraire du poétique. Vois-tu, au fond, il faut toujours conduire M. Renan dans les coulisses d'un café-concert. (Son sourire souleva ses mots en hochant la tête :) Et que font d'autre à leur manière Ionesco, Beckett, le jeune Dubillard et la plupart des auteurs d'aujourd'hui. L'ennui, c'est qu'on finit tôt ou tard par quitter les petites pour les grandes salles et qu'on est beaucoup moins libre.

— Vous sembliez admettre dès le début que le théâtre corrompt tout. Et vous préfériez travailler avec les Fratellini à des farces où la surprise naîtrait d'une accentuation des gestes quotidiens.

— J'exagérais mais je n'avais pas tort. Si un artiste cède aux propositions de paix du public, il est vaincu.

Et les grandes salles exigent un compromis. On transige. On se prête à des accommodements.

Rien que la mer limpide, vaste, azurée, qui venait battre la base de l'éventail de pierre et que ce choc éternel bordait d'une frange d'écume blanche comme de l'argent. Les rayons de juin donnaient, chauds et vivifiants, sur les rochers à travers les arbres résineux et les chênes verts. Cocteau s'occupait de décorer le théâtre du Cap-d'Ail et de remettre les couleurs et l'émail à cet hémicycle à ciel ouvert que l'on aurait voulu croire une épave apportée de Grèce par les vagues du temps et de la Méditerranée, et jeté sur cette colline, dans un repli de la pinède à pic. Le méandre d'un serpent bariolé en guise de rampe conduisait vers la ronde piste ornée du double profil qu'un troisième œil qui leur était commun unissait. Le léger ressac accompagnerait les plaintes d'Antigone dans le jacassement des cigales, musique de scène folle, assourdissante. Il avait commencé par des adaptations libres où il s'essayait à recoudre les chefs-d'œuvre, à les retendre, à leur ôter la patine — prétextes à se marier avec eux.

— Vous ne culbutiez pas les chefs-d'œuvre tout en les traitant de vieilles peaux sans délicatesse. Vous aspiriez plutôt à vous confondre avec eux. Certains vous auront possédé. Ils règnent alors non sans tyrannie sur vos entreprises, exercent une douce violence.

— Le disparate de mes travaux m'a sauvé d'être une habitude. Chaque fois l'œuvre s'oppose à ce qui compte. Elle naît suspecte. Ce disparate a déjoué les esprits inattentifs suivant ces modes extrêmes qui se vantent de n'en pas être mais que je sache tu ne fais pas partie de ces gens-là. On a pu aussi accuser Picasso ces derniers temps de parodier des chefs-d'œuvre. Il serait plus juste de préciser qu'il les démonte, les désarticule pour voir si *ça* tiendra le coup, si *ça* lui résistera et qu'il leur découvre de surprenants échos, des prolongements inouïs. Non ?

— L'avez-vous assez répété qu'il ne lui suffit pas de peindre mais qu'il insulte la toile, le modèle, les spectateurs, les gifle, leur crache à la figure, les frappe, les viole, les enlace à l'occasion. On pourrait ajouter qu'il torturera jusqu'à ce qu'elle hurle son secret une toile de maître qui se refuse, il ne la lâchera que brisée, rompue, vide. Etiez-vous capable d'une telle cruauté envers les œuvres qui vous hantent ? Et, cependant, l'intimité conjugale d'Œdipe et de Jocaste qui, avant vous, avait osé la faire vivre sur une scène ?

— Tu crois que je pourrais réévaluer mes Orphée, mes Œdipe suivant l'effet qu'ils produiraient ici même. Un emplacement idéal pour leur découvrir un aspect, un relief inattendus, une présence hors de la durée. Quelle clarté impitoyable ! » Son théâtre présenterait-il un volume salutaire ? Cette force qui avait pris forme de pièces, qu'il avait forgées avec amour au cours de toute une vie ? On pouvait demeurer longuement à s'interroger sur quelle œuvre y serait d'abord donnée. Une belle occasion de rêver devant le scintillement adouci de la mer. Une harmonie mystérieuse, au-delà de la diversité, montait de son amour effréné des planches. « Il fallait sur scène revaloriser l'idée du destin extérieur, auquel croyait Sophocle ! Le freudisme est une limitation du tragique. Plus convaincante nous apparaîtra toujours une machine infernale construite par les dieux infernaux pour l'anéantissement mathématique d'un mortel et dont le ressort se déroule avec une lenteur implacable comme celui d'une montre montée à bloc.

Ces silhouettes qui se détachaient dans la demi-obscurité de la pinède et tournaient vers lui leurs figures peintes, égalaient-elles sa faculté d'émerveillement ? La vieille partition interrompue, il écoutait en lui-même la musique d'une neuve audition. Il était entouré de personnages provisoirement effacés comme les ombres de Hadès mais qui repasseraient éternellement par les chemins où la fatalité les avait poussés, le malheur conduits, le désespoir reçus. Dans le domaine sans bornes des vrais fantasmes du poète, le Boulevard s'estomperait-il au profit de l'exorcisme efficace d'un mythe grec, dont il avait apprivoisé les héros ? *Les Parents terribles* retrouveraient-ils en ces lieux leur accent profond, s'y dérouleraient-ils comme une tragédie antique, les soulevant très au-dessus du nœud de vaudeville qui était au centre de ce drame bourgeois ?

« Racine, Corneille, Molière furent les auteurs du Boulevard de l'époque. Ne t'y trompe pas : Boulevard veut dire gros public. Mais il est difficile d'atteindre cette masse mystérieuse sans renoncer à aucune de nos prérogatives. » Et il laissa tomber ces mots modestes, pleins de fierté et qui mettaient cependant une certaine distance entre son travail et lui : « J'ai dû faire un grand pas vers un public moins sélectif et j'y ai tout de même réussi mieux que beaucoup d'autres. »

Jean songeait-il à son goût prononcé pour les salles de public populaire et pour les représentations entre autres de *La Tour de Nesle* de Dumas aux Bouffes-du-Nord ? Un mélodrame écrit sans longueur et dans une langue rigoureuse comme *L'Aigle à deux têtes* surnagerait-il ici entre les mots *Tragédie* et *Comédie* se détachant en lettres grecques sur le fond de la mer. « Sans doute fallait-il mettre le mystère à portée de tous ! Il était trop facile de choisir délibérément l'inverse. » Il parut consulter l'hémicycle du regard, solliciter la masse des rochers rembrunis et s'incliner légèrement : « Même si j'y suis allé parfois un peu fort. »

IV. Villefranche-de-poésie

Les bateaux de pêche, à l'entrée du port de la Darse, pointaient leurs mâts de-ci, de-là, suspendus entre deux azurs. Des rafales de vent, filtrées sur le mont Boron, contournaient le rempart de Vauban et les façades en trompe-l'œil de Villefranche. Nous descendîmes des escaliers en accordéon à travers des jardins parfumés et prîmes par les arcades des rues couvertes. C'était par là que dans Le Testament, Cocteau, conduit par Cégeste, rencontrait le personnage fabriqué par sa légende et qui se refusait à le voir. « J'ignore toujours s'il s'agit de quelque chose d'innocent, et de moindre importance, ou si je devrais aller le rejoindre en hâte. » A l'horizon, l'escadre américaine en rade avec ses bannières étoilées battant dans l'air du soir. Accoudés sur la rambarde de fer du chemin de ronde, nous suivions les sillages d'écume phosphorescente des vedettes rapides, silencieuses, qui amenaient à quai les permissionnaires. « Ce pauvre cher Hyde, soupira Cocteau. Son rôle l'éreinte. Il a l'air de savoir. Il me procure cette illusion de vivre dans leurs endroits publics et de prendre contact avec certains luxes et certains tapages sans la mort qui nous enferme. Quelle histoire ! Achèveront-ils de m'identifier à lui ? Je me suis endurci mais cela dure. " Le docteur Jekyll va mourir et celui qui le remplace ne m'intéresse plus. " Me réveillerai-je à la fin de cette sombre blague ? C'est de bonne heure devenu chez lui une habitude de monter sur l'estrade. Une seconde nature. Il pose pour les gens. Il veut continuer à s'accrocher. Il ne se fatiguera donc jamais. » Les murailles de la route de Monte-Carlo, les pentes mauves projetaient à travers le golfe leurs tremblants reflets qui s'estompaient avec la tombée du jour. « Hyde tient les leviers de commande. Tout porte, tout passe la rampe à cause de lui. Rions dans l'obscurité propice. »

Nous restions immobiles et regardions le spectacle de l'escadre nocturne, les étoiles, les signaux électriques, la fièvre agile et gaie que mettaient les marins blancs à tous les étages de la ville. Un grillon flûtait sa note unique sous la grosse caisse du jazz à la limite des vagues. Une dernière mouette plongea dans l'ourlet blanc de l'écume. Il se retourna vers sa chapelle dans l'ombre et murmura : « Prier mais en demandant quoi ? Eh bien, précisément de ne pas sentir s'effriter les raisons de toute activité. Ce ne me semble pas trop s'aventurer. »

Mais il y avait eu d'abord cet été de Marbella, sur la côte andalouse, comme une grâce où il lui fut donné de vivre pleinement son rêve. Sacré à la criée Prince des Poètes à la Foire de Forges-les-Eaux, ce titre burlesque avait déclenché en juin 1960 une véritable levée de boucliers. Pour lui échapper — puisqu'il ne s'y ferait jamais et qu'il s'y blesserait toujours —, rien ne pouvait lui être d'un meilleur secours que de se retrouver loin et encore plus seul et plus libre de mettre noir sur blanc le merveilleux charabia géométrique dont Gongora, Rimbaud, Lautréamont et Mallarmé enseignaient les syntaxes inflexibles. Je me le représentais sur ce rivage espagnol d'une Méditerranée que j'essayais de deviner à travers ses lettres mais il m'entretenait surtout de ce poème fleuve du style « traduit de quoi ? » dont le désordre et la bizarre allure l'attiraient et le rebutaient tour à tour. Il s'inquiétait de ce qui lui paraissait soudain un incroyable décousu. « Mais d'autre part si je commence à recoudre je risque de détruire un ordre secret et de casser un fil que je ne sais plus voir et qui sans doute existe. »

Il avait toujours voulu saigner de l'encre mais il lui était arrivé souvent de douter de ce qui l'emportait dans cette lutte de l'encre et du sang, de craindre la victoire de l'encre. Lorsqu'il écrivit son testament poétique : les quelque quatre mille vers du *Requiem* au cours du premier trimestre de 1959, il saignait beaucoup. Une hémorragie, une hémoptysie le condamnaient au repos immobile et à demeurer couché sur le dos. « Salut, bonne maladie. O sainte Maladie. » Cette crise grave, il l'accepte, il la reconnaît. C'est le prix à payer. Les tabous seront violés, enfreintes les défenses de l'inconnu. Cela ne saurait aller sans quelque sanction. « Je lutte nuit et jour avec moi-même sur un bûcher espagnol. Je t'expliquerai ou plutôt je te raconterai le phénomène par lequel mon poème : *Cérémonial espagnol du Phénix* se faisait pendant la corrida sans avoir le moindre rapport avec elle. Sauf sans doute un rapport interne de rythmes. »

A-t-il assez insisté sur une vertu agissante des nombres ? On ne saurait trop souligner le crédit qu'il leur accorde dans les *Paraprosodies* de 1958. Jusqu'à soumettre ses alexandrins à une suite de combinaisons secrètes comme pour l'ouverture d'un coffre-fort du monde invisible. Une science faite chair qui ne s'exprimerait que par des rapports. Mais il arrive que ces chiffres et ces nombres deviennent nuisibles et dressent des obstacles d'écriture. Je l'ai vu un soir d'Arles de la même période (septembre 1960) en difficulté avec la *Cadence* de *La Partie d'Echecs*, peinant sur la strophe consacrée au duel de l'homme et du fauve, sur l'affrontement entre le torero et l'ambassadeur noir, l'envoyé de la dame blanche confondue avec la mort, qu'il faut vaincre et déjouer sous le féroce bouquet des banderilles en enfonçant l'épée en bonne place :

Cache ambassadeur noir sous tes roses trémières
La bague virginale ouverte au dard du mat
ador seul passé maître à masquer cent manières
De battre au jeu la dame blanche (échec et mat)

La coupe du second vers avec le mot *matador* scindé en deux et le rééquilibrage nécessaire des mètres le préoccupaient beaucoup. Ses traits se tourmentaient. Il en oubliait de manger, l'estomac barbouillé. On aurait pu croire qu'il s'étranglait une minute avec une arête. Le lendemain, tout était rentré dans l'ordre, il se montrait délivré, heureux, mais il n'avait trouvé le sommeil qu'à l'aube. Quand le doute reculait, Jean Cocteau rendait hommage à cette géométrie vivante et savait reconnaître ses plus fidèles alliés. *L'Ange Heurtebise* (1925), *La Cruci-*

fixion (1946) et *Le Requiem* (1962) en constituent les hauts moments privilégiés. Pour calculé, pour compté que soit le poème, il s'élance et vibre et délivre son jet. La grande rigueur des chiffres et des nombres n'y soutient que le chant (le chant profond), remonte aux sources du cri, « sous les tortures, écrit l'orgueil aidant ».

Menacé, le poète expulse le poème, ses rythmes familiers ne sont plus tyranniques, ne dressent plus une digue, mais modèlent au passage ce qui sort de lui en toute hâte et lui donnent force et relief, le pétrissent, le pétrifient sans perdre une minute. Quelque « sauve-qui-peut » mais selon les lois rigoureuses qui président à l'évacuation d'un navire, une syntaxe inflexible au service d'une urgence, c'est sans nul doute ce que Cocteau aura attendu de la poésie. Et lui, qui a souvent écrit malade, il semble qu'une fièvre, une crise, une cure de désintoxication, la souffrance même, lui permettent d'humaniser ses algèbres. Il obtient cette « plastique de l'âme » qu'il aura préférée à tout et chiffres et nombres s'effacent pour ne demeurer sensibles que par le durcissement, la solidité des contours. « *Le Requiem* est écrit. C'est une haute salade où la fièvre jouait le rôle de support. Sauf quelques mises en place, j'ai laissé toutes les fautes, dont Picasso estime qu'elles nous dénoncent mieux que la technique — et ce qui est curieux, c'est le mélange de contrôle et de non-contrôle. Mon devoir était d'en courir le risque. Du reste un rythme interne forme le bâton du caducée. » Et *Le Requiem* devient à l'improviste la traduction d'un vertige. Un râle qui s'organise. Le souffle extrême d'une zone où l'on ne peut qu'aborder et où le poète se persuade que ses nombres lui éviteront de *nous* perdre, opéreront jusque-là.

V. Post-scriptum

VINGT ANS APRES,
A L'ETUDE SUR LES *PARAPROSODIES*

Mon astre, prête-moi ta plume de silence.

A la parution, ce poème échappera à l'attention et sus-citera la perplexité des amis et des admirateurs. D'em-blée je suis sensible à la sombre beauté des *Paraprosodies*, à une violence sexuelle sauvage en même temps qu'à une suprême liberté de l'image, à un détachement, à une dégravitation, à cette minute d'apothéose où ses anges encore habitués au poids rouge du sang se désincarnent et s'agglomèrent en un bloc cohérent et irradiant dans l'apesanteur. Mais lorsque je m'efforce de témoigner de l'étrangeté de l'aventure, je la traduis dans mon langage maladroit d'alors et je la tire à moi, l'assimilant en quelque sorte à ma propre démarche entravée, à mon allure engourdie. Cette *surimpression* ne devait pas ravir Cocteau, je le comprends mieux aujourd'hui. Je lui faisais perdre l'équilibre en me raccrochant à son bras. Je le lestais de plomb. Je le liais par le bas. Le portrait que je lui renvoyais en emmêlant nos figures ne le contrariait pas tellement parce qu'il brouillait très provisoirement ses traits, mais ce qu'il pouvait connaître par contraste de mon identité dans cet enchevêtrement commençait à l'inquiéter tout à fait. Quelque chose qui clochait et com-bien et contre quoi il serait peut-être sans force le jour venu ! J'apprendrai des années plus tard que je n'étais pas le seul, que le recueil déclenchait une vague de ques-tions. C'est en foule que nous aurions dû nous laver du *cartésianisme de l'obscur.* Et du fond de sa solitude qu'il sentait devenir plus grande et dont il souffrait en silence désormais, il tentait par acquit de conscience de me mettre sur la voie. Obsédé par la liberté de l'image dans le miroir où elle change de côté *(la parité),* il aspirait dans ses *Paraprosodies* à susciter sa propre évocation hors du capharnaüm de l'espace-temps, pour qu'elle se manifestât à partir de cet autre côté du miroir affranchisseur.

Cocteau touche-t-il enfin à la source originelle de qui parle dans le poète, à cette sublimation d'images agressives, provocantes, remontant de loin à la surface mais d'un éclat lustral ? Dédoubler les vocables en leurs reflets homophoniques aboutit à cette interversion des spectacles entre la réalité du poète et son ombre dans le miroir, ce dérangement surnaturel de l'ordre habituel, logique, ce renversement de toute dépendance. Du moins n'arrête-t-il pas d'y tendre ! Cocteau n'en a pas encore fini d'être un homme et il ne saurait, même déraisonnablement, se fixer en cette *réflexion* émancipatrice à jamais. « Pour faire l'amour on avait mis la haine à l'envers. » Sans doute ! Mais à présent il fallait conjurer aussi l'endroit comme un mauvais sort afin de retrouver dès cette vie sa vieille habitude de l'éternité avant la fin prochaine. Cocteau regardait les mots se retourner comme une crêpe, comme un gant, et s'appliquer à rebours de nous à réorganiser le hasard d'exister toujours. « Faites-moi la grâce de ne pas confondre un miroir avec une porte. » Peut-être que je comprends un peu moins mal aujourd'hui cet avertissement mis en exergue des *Paraprosodies*. Mais qui de nous aurait pu l'accompagner jusque sur le seuil sans éprouver la tentation de le franchir et risquer de s'égarer au-delà ?

Lettres de
Jean Cocteau
à
Jean-Marie Magnan

Pour expliquer certains silences, précisons que 49 télégrammes et 14 billets de style télégraphique ont été retirés de cet ensemble. Cocteau nous y demandait le plus souvent de retenir des places de corridas et des chambres d'hôtel à Arles ou Nîmes. D'autres, plus personnels, résument en toute hâte une matière que la lettre du lendemain développera. Les télégrammes font donc double emploi avec les lettres, mais ils témoignent de l'impatience qui s'emparait soudain de Cocteau de faire part et de rompre avec la distance. Je ne possédais pas le téléphone et ceci peut rendre compte de cela.

*La première lettre de Jean Cocteau — aujour-
d'hui perdue — précède notre véritable correspondance d'une dizaine d'années. Je l'ai reçue pendant l'été 1947 mais le moindre mot en est resté
gravé dans ma mémoire :*

Cher Jean-Marie MAGNAN
Aimez en nous ce que vous y trouvez le pire. C'est
le moyen de trouver votre meilleur. « Ceci pour
Picasso. »
Salut.   Jean Cocteau

*Il prend les devants, me persuadais-je. Il me
désarme. De là à ce que je me rende maître de ce
prétendu pire et que je le domine au point de le
convertir en mon meilleur, il coulera de l'eau sous
les ponts ! « Dépassez une ressemblance de surface dont vous êtes la dupe ! Ne vous contentez
pas de vous lire en nous ! Le pire, c'est cet incomparable de notre travail à quoi il vous faudra bien
finir par vous confronter. Alors, mais alors seulement : souffrez de nos différences jusqu'à vous
éprendre d'elles et en nourrir votre passion ou bien
réglez vos différends avec nous si vous vous jugez
de taille. » Etrange aphorisme dont je me réjouis-
sais, malgré la mise en garde, qu'il ne se laissât pas
si aisément réduire.*

Milly   *29 décembre 1955*

Mon cher Jean-Marie Magnan

Votre lettre exige une réponse et je n'aimerais pas vous laisser dans une erreur (au reste très excusable). Avec l'Académie il ne s'agissait pour moi que de rompre avec les intellectuels et une mode gauchère dont ceux qui la servent s'imaginent vivre à contre-mode.
Il s'agissait en outre, comme M. Peeperkorn dans *La Montagne magique* de Thomas Mann, de prononcer des paroles importantes couvertes par le vacarme d'une cascade (à l'Institut la cascade était de crânes, de barbes et de méconnaissance totale de la langue du pays où je suis né). Je ne me regarde jamais dans un miroir (je connais trop le travail de cette ruche) et je déteste la personne dont je dois souvent jouer le rôle afin de sauvegarder mon île déserte — et de lancer les chiens sur sa piste.

> Bien à vous
> Jean Cocteau

La réception à l'Académie française avait eu lieu le 20 octobre 1955.
A l'Institut, le jour de son discours, Cocteau devait prendre la défense de la canaille, autrement dit de la postérité de François Villon, de ces astres obscurs dont la lumière ne se manifeste qu'à la longue, de ces singuliers que le pluriel persécute : en un mot, des sublimes mauvais sujets. La jeunesse accepta-t-elle si mal ce nouveau double social du poète ? Du moins restait-il du côté des accusés et saluait-il au passage Jean Genet comme le plus admirable.

4 juin 1956

Mon très cher Jean-Marie Magnan

Avant de connaître vos textes, il importe que je réponde à la considérable tendresse que j'éprouve à lire votre lettre. Vous y remuez autour de moi masqué de linges, ganté de caoutchouc, mais vos yeux et vos gestes me disent votre cœur à l'ouvrage.

Il vous reste, en ce qui me concerne, un dernier obstacle à sauter. Comprendre que ma bêtise n'est pas feinte et que ce qu'on nomme vulgairement le génie se présente chez moi sous forme « d'intelligence », ce qui trompe les autres et moi-même.

Votre lettre est, entre les innombrables, la première à laquelle je puisse me tenir comme à la petite échelle accrochée au bateau de Francine (j'y monte dans quelques minutes) — et j'y rêverai à votre amitié très précieuse.

Jean Cocteau

Dites encore à Clergue combien j'aime l'âme de ses images.

Cocteau avait connu ce moment de la vie où les facultés critiques semblent hypertrophiées et leur développement excessif, anormal, sur le point de paralyser la création. A cette intelligence dont il craignait qu'elle lui valût la réputation d'homme spirituel, il opposait les intelligences secrètes que le poète entretient avec sa nuit intérieure : « Car, au fur et à mesure qu'on pense, on cesse d'agir, et si l'on pense trop à soi, on cesse d'être, au bénéfice d'une pensée sans objet dans la vie active. »
Francine Weisweiller fut la grande amie des dernières années de Cocteau, à partir de 1950. C'est dans sa villa de Santo Sospir, près du phare de Saint-Jean-Cap-Ferrat que je devais le rencontrer le plus souvent. Francine, supprimant le sentiment du tien et du mien selon le poète, avait mis ce qu'elle possédait à sa disposition.

Mon très cher Jean-Marie

Votre texte s'ajoute aux autres dans mon cœur, qui aime vous lire. Je vous ai fait envoyer les *Poèmes* réunis par la *N.R.F.* Ce livre doit être considéré comme les dernières paroles d'une longue torture à laquelle je succombe pour refus *d'avouer des choses que je n'ai pas faites.*
Même la ruse qui consiste à me masquer de pourpre ne calme plus ce désir de non-être qui est en fin de compte mon état normal.
J'estime qu'il est indispensable de suivre l'exemple de Rimbaud et de rompre avec le milieu des lettres.
Mais il importe de rompre d'une manière inédite et méconnaissable.
Je m'y emploie et suis heureux de pouvoir vous dire que je vous excepte de tout ce que j'abandonne. Dites aussi à Clergue que, comme hommage à son âme, j'ai introduit un de ses oiseaux morts dans le vaste dessin qui ornera le mur de gauche à la mairie de Menton.

Je vous embrasse
Jean Cocteau

Ne quittez jamais votre belle Arles.

Clergue devra écrire de ma part à *Jacqueline Roque* pour récupérer ses épreuves. (Villa Picasso Californie, Avenue Costa-Bella, Cannes.)

Ne confondez pas ce message avec un suicide. La seule manière convenable de se suicider étant d'écrire un poème en langue française.

Poèmes (1916-1955) : « Les poèmes de ce volume furent en quelque sorte le centre des recueils où, d'époque en époque, ils prirent place. »

Dans Le Testament d'Orphée *(film, 1959) le tribunal accusera Cocteau en ces termes : « Vous êtes accusé d'innocence, c'est-à-dire d'atteinte à la justice en étant capable et coupable de tous les crimes, au lieu de l'être d'un seul, apte à tomber sous le coup d'une peine précise de notre juridiction. » A quoi le poète répondait : « J'avoue être cerné par la menace des fautes que je n'ai pas commises. »*

Saint-Jean-Cap-Ferrat   *30 août 1956*
A.M.

Mon très cher Magnan

Vous avez dû être surpris, vous et Clergue, de mes
syncopes de silence et de télégrammes. Cela venait de
ce que mon dur travail décoratif m'avait détourné les
yeux de mes autres besognes et que soudain, réveillé d'une
hypnose, je me suis trouvé au centre d'un cyclone de
paperasses, de rendez-vous manqués, de lettres urgentes
restées sans réponse.
Impossible de retrouver l'adresse de Clergue qui ne la
met jamais sur ses photos. Par chance la vôtre avait sur-
nagé dans une bouteille — et l'étrange de ce trou d'adres-
ses est que je vivais *avec Clergue et avec vous* puisque
les personnages de Clergue et ses oiseaux avaient fini par
se substituer au monde réel, par devenir à mes yeux un
monde réel mais plus fort que le nôtre. Bref par jouer
le rôle du plus vrai que le vrai (si rare à notre époque
plate). En outre, entre deux recherches de transposition
des Gitans de Clergue en centurions romains, je vous
lisais et relisais comme préface et porte-chance à cette
fameuse corrida du 1ᵉʳ Mai qui somnole dans une armoire.
Demain j'irai à Nîmes avec Picasso. Mon espoir est de
vous y rencontrer et de vous rendre un compte exact de
mon audacieuse entreprise de collaboration cambrioleuse.
Je vous embrasse et Clergue. Mais il me faudra l'adresse
lisible de Clergue car j'ai retrouvé une *illisible*.

                                            Jean Cocteau

*Les liens se resserrent. L'échange se noue. Cocteau, qui
admire les photographies de Clergue, va s'en inspirer
dans ses décorations de la chapelle de Villefranche et de
la mairie de Menton. Il prévoit mon travail futur sur*
La Corrida du Premier Mai.

Saint-Jean-Cap-Ferrat   *17 septembre 1956*

Mon très cher Jean-Marie

Je vais attendre Worms à qui j'ai confié votre cahier de
textes et je toucherai *La Table Ronde.*
C'est l'ensemble de ces textes qui me plaît et qui reflète
votre visage et votre ville échappés aux ruines du futur.
(Comme un pur objet d'or qu'on y trouve.)
Dites à Clergue que je vais lui renvoyer Gitans et oiseaux
parce que je les connais par cœur.
Les Weill me disent qu'ils ont écrit à Clergue. Renseignez-
moi.

                                          Votre ami Jean

*Gérard Worms, frère de Francine Weisweiller, dirigeait
les éditions du Rocher. En janvier 1957, Pierre Sipriot
publiera, dans* La Table Ronde, La Nuit d'Arles, *texte le
plus important de la plaquette qui devait paraître sous
le même titre, le même mois, aux éditions Pierre Seghers.
Il fut quelque temps question d'une exposition des œuvres
de Clergue à la galerie Lucie Weill, 6, rue Bonaparte à
Paris.*

Mon cher Jean-Marie

Voilà. J'ai prié Gérard Worms de voir *La Table Ronde*.
Il conserve donc vos textes. Mais il m'en faut une autre
copie — car une nouvelle idée me vient de les faire éditer
par Seghers dans la charmante collection de Poche du
Chiffre 7 — ce sont des plaquettes de poèmes — mais
n'êtes-vous pas poète ? et, en quelques lignes, je me charge
de tourner la difficulté.
Ce soir après un rude après-midi où je me battais comme
un fou avec les lignes et les courbes de la chapelle — la
fièvre de fatigue m'a rendu service : j'ai trouvé la page
indispensable sur le travail de Clergue. Elle est *écrite*. Je
la garde jusqu'à nouvel ordre et compte vous expédier
« le paquet corrida » cette semaine. Peut-être avec ces
oreilles, cette queue, ces pattes offertes au matador par-
viendrez-vous à reconstituer la bête ?

> Je vous embrasse
>
> Jean Cocteau

Le Chiffre Sept *était paru en effet chez Pierre Seghers
en 1953 dans une collection pour débutants, après une
première édition originale l'année précédente avec une
lithographie en couverture.*

Mes très chers enfants

J'ai pleine confiance dans votre travail à la Champollion. C'est neuf comme entreprise et par conséquent de haute importance. Ce matin, j'ai reçu de Seghers une lettre où il me demande mon texte (il l'aura demain) et le dessin du torero mourant. Envoie-le-lui d'urgence et soigne l'emballage.
Tu trouveras dans mes hiéroglyphes un passage où je vois le duel torero-bête comme une lutte du pianiste et de son piano. Un autre où je parle longuement d'Ariane et du labyrinthe.
Si je vous ai donné cette monstrueuse besogne c'est que je travaille en état d'hypnose et que réveillé de cette période je me trouve être un autre moins apte que vous à me traduire parce que je me connais plus mal que vous.

Mille et mille tendresses
Jean Cocteau

Tout est au point. J'ai même offert l'édition des photos de Clergue à Seghers — en l'appâtant par une adjonction de textes de lui. Picasso ferait la couverture. Moi la préface (elle est écrite).

Jean Cocteau

(Au début de la lettre en haut à droite :)
Pardonne-moi ces encore pattes-de-mouche mais je travaille comme un nègre à ma chapelle. Aujourd'hui j'ai terminé le mur des gitans, d'après Clergue.

« *Pour toute œuvre, poème ou toile, conduite selon les méthodes du demi-sommeil (nous disons en France : chien et loup), il faudrait un Champollion découvrant le secret* de l'écriture et l'enseignant non seulement aux autres, mais à l'artiste lui-même. Il n'existe pas d'œuvre sérieuse qui ne s'exprime par l'hiéroglyphe, par l'entremise d'une langue vivante et morte nécessitant d'être déchiffrée. » Seghers qui publia La Nuit d'Arles avec une préface et un dessin de Jean Cocteau devait être également le courageux premier éditeur de Clergue. Corps mémorable de Paul Eluard connut en 1957 une édition de luxe avec une couverture de Pablo Picasso, un poème liminaire de Cocteau et 12 photographies de Clergue.

Renvoie le contrat chez Seghers. Lorsqu'on débute, il faut accepter tout et ce genre de textes nous rapporte l'or véritable (invisible). Dois-je garder la belle photo ou l'envoyer à Seghers ? Je suppose qu'il en possède déjà le double et mon dessin du torero mourant. Il a reçu la préface. Seghers s'étonne de n'avoir pas encore les photographies de Clergue. Il ne se rend pas compte de ces envois massifs à la Clergue et je lui conseille (à Clergue) de faire un choix très aigu et très significatif.

Tuyau : s'il offre à Seghers d'écrire des textes courts après le dessin de Picasso et ma préface, j'ai l'impression que l'affaire serait dans le sac.

Impossible de trouver les termes aptes à t'exprimer ma gratitude et à Claude. Dermit te salue et fait deux tableaux superbes.

La chapelle se peuple et parle.

Je vous embrasse tous deux
(tous trois)
Jean Cocteau

Edouard Dermit, fils adoptif de Jean Cocteau et son légataire universel, travaillait dans la mine comme manœuvre et occupait ses heures de loisir à la peinture avant de rencontrer Cocteau en juillet 1947. Le poète l'encouragea à peindre et lui fit jouer un rôle dans plusieurs de ses films.

Santo Sospir
Saint-Jean-Cap-Ferrat

Cher Jean-Marie

Ce matin je vous ai gribouillé en hâte quelques lignes. Maintenant je revois les pages centrales où je parle du système de la mort et des ambassadeurs, des farces faites à la bête, bref de *toute la course* et de son déroulement dont ce que vous avez eu la patience de déchiffrer n'est que la marge, la touche de couleurs.

Donc — soit un prodige diabolique a supprimé toutes ces pages. Soit elles vous ont échappé. Soit deux livres se sont mêlés profitant du trouble de ma maladie (Parascience et tauromachie). Si vous ne trouvez pas le centre du livre, pardon. Renvoyez-moi l'ensemble. Texte dactylographié et ce qui reste d'illisible. Peut-être l'histoire de la corrida du 1er Mai est-elle dans l'illisible et cependant j'en doute et je me souviens m'être appliqué pour l'écrire.

Du plat ne reste que la sauce et quelques épices. Je n'arrive pas à comprendre ce qui est arrivé.

Votre Jean Cocteau

La corrida proprement dite comporte même un long passage sur le Don Tancredo, la mort en blanc et les ambassadeurs extraordinaires.

Vêtu et coiffé de blanc, les mains et le visage enduits de plâtre, Don Tancredo, immobile comme une statue de pierre, attendait la première charge d'un taureau lâché du toril. Son immobilité blanche au centre de l'arène trompait la bête qui le prenait pour un objet inerte. Le souvenir de cette attraction, tombée aujourd'hui en désuétude, n'en devait pas moins frapper beaucoup le poète obsédé par le thème de la visibilité et de l'invisibilité de son œuvre et de lui-même. « Le taureau doit donc être considéré comme un ambassadeur extraordinaire de la mort (de la Dame Blanche), il devra conclure ou ne pas conclure les épousailles (avec le torero qui l'affronte). »

8 novembre 1956

Mon très cher Jean-Marie

Je ne sais comment vous demander pardon de ce mal que je vous donne. Hélas, je ne peux mettre ce qui arrive que sur le compte du diable et de ses farces.
Tous ces textes débrouillés merveilleusement par vous ne sont que des *contextes* — manque tout le récit de la course et les détails de l'entrée du taureau, etc. (pages manuscrites et non pas tapées). Le texte dactylographié, c'est le texte de fond, le reste ne faisant que s'y joindre. Mais où le diable intervient c'est que ce qui manque (l'essentiel où se trouve la phrase « Gomez tua ») manque et rend le reste inutilisable. M'avez-vous envoyé tout ce qui est entre vos mains ? Si oui, le désastre est irréparable — (si désastre il y a et mérite ce nom pompeux) car ce que vous m'envoyez n'était là que pour enrichir le récit de la course et le détail des phases d'une corrida. Ma seule tristesse n'est pas de perdre une œuvre mais de vous avoir donné tout ce mal pour rien.

Je vous embrasse

Jean

Les lettres de Cocteau trahissaient parfois une légitime inquiétude tandis que je déchiffrais et composais sa Corrida du Premier Mai. *J'étais, bien sûr, allé au plus difficile, au moins lisible, pour me prouver que je m'y repérais. Puisqu'il me soumettait quelques énigmes, ne devais-je pas m'assurer que la clef de l'enjeu se trouvait en ma possession ? La dactylographie étriquée qui hantait comme un remords son paquet informe ne me représentait qu'un décryptage maladroit à force de timidité : elle n'était pas de lui et ne décollait pas. Je m'en détournais vite et le poète décida après un court affolement de se fier aveuglément à mes relevés de compte.*

« *Une circonstance de la Feria de Séville se trouve être à l'origine de ce texte. Le 1ᵉʳ mai 1954, dernier jour des courses, pendant lesquels aucun taureau n'avait été dédié, Damaso Gomez me fit l'hommage du sien.* » *Torero de second plan, Damaso Gomez toréait encore cette année 1979 dans le sillage de El Cordobes. Rare exemple de longévité de bon artisan de la corrida !*

Santo Sospir   *Lundi 12*
Saint-Jean-Cap-Ferrat

Très cher Jean-Marie

Pas affolé le moins du monde. Je n'ai pour vous que gratitude et mettais tout sur mon compte et sur celui de ce
paquet informe.
C'est le style « télégramme » qui a dû vous tromper.
Je vous écris avant même d'avoir bien lu votre lettre —
car les premières lignes me peinent.
Ne connaissez-vous pas ma grande tendresse pour vous
deux ? Je vous embrasse et vous écrirai en détail ce soir.

                                              Jean

Santo Sospir   *Lundi 12*
Saint-Jean-Cap-Ferrat

Mon très cher Magnan

C'est votre modestie qui est seule fautive. Je désirais voir
le petit livre que vous feriez (que nous ferions ensemble)
avec la dactylographie, le récit de la course Gomez et les
notes que vous m'envoyez. Bref, ce qui m'intriguait et me
passionnait, c'est de voir l'organisme qui sortirait de ces
organes en désordre.
Si je vous embête, envoyez tout promener et jetez-le par
la fenêtre vers Santo Sospir. Si je ne vous embête pas
essayez de « composer l'œuvre ».
Je vous embrasse et suis heureux de l'entente Seghers.

                                                    Jean

Dites à Clergue que ses nus sont partis chez Seghers et
que je le juge avec le même amour que Picasso.

(Au dos de la lettre :)
Quel affolement autre que celui de voir le mensonge enva-
hir le monde peut-on ressentir ?

Mon bien cher Jean-Marie

A peine reçu votre paquet, je l'ouvre et je respire ce qu'il contient avant l'étude. *(Cette méthode ne trompe pas.)* Le texte dégage cette odeur qui l'emporte sur tous les parfums et qui jadis était le privilège de la Chine. (J'ai du reste toujours pensé que la Chine et l'Espagne...) Bref, ces quelques lignes pour vous remercier « avant la lettre » et vous féliciter d'un nœud *défait sans l'ombre de mou.*
A demain. Je vous embrasse.

Jean Cocteau

Et merci.

26 novembre 1956

Mon cher Jean-Marie

J'ai lu votre Pedres et j'ai pour ce genre d'étude la plus
grande admiration (c'est la famille du joueur d'échecs
de Maelzel de Poe et de mon M. Barbette). Vous devez
publier ce total dispersé à droite et à gauche — et y joindre un préambule où vous expliqueriez que d'Arles on
possède davantage de recul qu'à Madrid ou à Séville. Un
Espagnol est incapable de faire ce que vous faites et de
ne pas laisser son œil s'aveugler par la congestion et par
le soleil (jaune et rouge). Prenez votre temps en ce qui
me concerne. La petite arche que j'oppose à une menace
de déluge n'est pas encore terminée. En outre, vous savez
ce que je pense de la hâte et de l'auto-stop qui en résulte.

Je vous embrasse
Jean

J'avais envoyé à Jean Cocteau une longue étude intitulée :
Un cancre de la taur019chie, Pedres *que Pierre Sipriot
devait accueillir peu après dans* La Table Ronde. *Barbette,
célèbre acrobate américain qui faisait du trapèze habillé
en femme et que Cocteau découvrit en 1923, donna lieu
à un long article qui parut en juin 1926 dans la N.R.F.
« En moi c'est l'ouvrier qui cherche son mécanisme et
qui le démonte comme Edgar Poe le Turc joueur d'échecs
de Maelzel. » Lorsque le poète parle de reconnaissance
envers* Le Numéro Barbette, *extraordinaire leçon de métier
théâtral, il exprime la nécessité de recueillir un enseignement et d'en déterminer l'apport nouveau. Dans son essai
très brillant sur le fonctionnement du joueur d'échecs
en dix-sept observations, Poe démontrait que cet automate qui, en fin de compte, n'en était pas un renfermait
non pas une mécanique mais un homme de taille moyenne
habilement dissimulé.*

36, rue de Montpensier   *5 décembre 1956*
Paris

Cher Jean-Marie

Ce que je « reçois de vous » est *parfaitement prodigieux*
et le travail de reconstitution de la toile du Cardinal
Tavera de l'hospice de Tolède est un moindre prodige
que *votre* chef-d'œuvre artisanal. Il y va de votre faute
si je me permets de porter les choses à l'extrême et l'expérience à ses plus lointaines limites.
Je *voudrais* (si vous y consentez toutefois) un échelon de
plus chez le gymnaste du vide et que les notes finales,
soit vous les intégriez dans le texte (vous les y fassiez
entrer de force), soit vous en composiez une sorte de
préambule — de promenade espagnole — qui nous condui-
rait au monologue de la rue vide de Santa Cruz.
Ne craignez pas d'ajouter des nœuds de votre plume. Je
les renouerai ensuite avec la mienne — mais l'expérience
présente une telle réussite que je m'en voudrais de ne
pas vous torturer afin de la voir s'épanouir jusqu'au
bout.
Si un mot ou une dépêche me disent « *d'accord* » je vous
renverrai le texte. Sinon je tâcherai de piler le gaspacho
moi-même et d'y mettre les épices. Mais j'en serai triste —
car il manque un *centimètre* pour que le soldat de Mara-
thon s'évanouisse vainqueur.
Je vous embrasse tous deux avec ma profonde gratitude.

Jean

*Portrait du cardinal Tavera par Greco, mis en pièces par
la guerre civile et que Cocteau devait voir chez la duchesse
de Lerma, non loin de ce qu'il considérait comme la toile
la plus audacieuse de ce peintre :* Le Baptême du Christ
exécutée à soixante-dix ans.

Santo Sospir
Saint-Jean-Cap-Ferrat

Mon très cher Jean-Marie

Ce n'est pas vous que je corrigeais, c'est moi — et je
corrige encore mille fois sur les épreuves, ensuite.
Ici les fautes de dessin sortent du mur comme des lézards
et je cherche à me rendre digne des « épreuves » de Clergue qui m'ont inspiré les miennes.

Je vous embrasse et Claude

Jean

Mon très cher Jean-Marie

Je trouve votre lettre et m'empresse de vous répondre.
Pour le moment, je suis noyé dans le rhume et des ennuis
avec mes aides qui veulent prendre le large et substituer
leur style au mien. Que votre aide modeste est admirable
et prouve une âme exquise. Jamais je n'eusse osé me
mettre à la place de Radiguet ou de Desbordes et si je
les assistais, c'était avec la terrible crainte de perturber
leur propre ligne. Or un vieil ouvrier de Menton que son
âge me recommandait et sa science perd aussi la boule
et prend mes beautés pour des erreurs.
Ceci afin de vous faire comprendre que cette semaine il
m'est impossible d'écrire la note *Pedres*, je tâcherai de
l'écrire si je retrouve le calme après le 18 au Cap. Je me
suis engagé dans un travail surhumain et je compte le
mener à terme.

(Au dos de la lettre :)
Ci-joint le texte très revu et nettoyé (il le sera encore).
Le rêve serait, avec des vides typographiques, de faire
passer dans ce texte dur une vue de Tolède (le page), une
image du cavalier de la Feria avec la fille en croupe, la
Castille borgne... l'Escurial... les gitans...
Incrustez ces notes comme les pierres dans la garde d'une
dague. Enfin... si ça vous chante... Si vous retapez le texte
donnez beaucoup d'air entre les lignes et de marge... Ce
texte étouffe un peu. Je vous embrasse et Clergue.
Salut bien amical à votre amie.

Jean

Cher Jean-Marie

Laissez le texte intact tel que vous me l'avez envoyé. Pour un texte où les notes seraient encastrées comme des pierres dures dans un manche de poignard, faites-en un autre et dites-moi si vous voulez essayer de résoudre ce problème (car avec l'article final les notes seraient *en trop*) sauf si elles s'encastrent avec des lignes de points comme si l'esprit gamberge (vagabonde) pendant la corrida. Et nous verrons ce qui frappe davantage.
Je suis arrivé en veilleuse (et Francine de même). La chapelle avance. J'ai encore diminué la force des traits afin de la rendre graphique et sans l'ombre d'emphase.

Je vous embrasse tous deux

Jean

Restaient trois pages de phrases comme des flashes, où les cités d'Espagne sortaient toutes écussonnées du vide. Insignes raccourcis, elliptiques comme les devises des emblèmes ou les armes d'une ville. Cocteau hésita assez longtemps. Fallait-il les faire entrer en coup de vent dans le texte ou en composer une sorte de préambule, de promenade espagnole ? Les vides typographiques qu'il me suggérait risquaient de dénoncer des vices dans sa construction. Je songeais à cette beauté insolite des villes que l'on découvre, la nuit, à la lueur des phares et je me décidais à lancer le véhicule de Cocteau dans une incroyable randonnée nocturne d'un bout à l'autre de la Péninsule juste avant l'arrivée à Séville et le récit de la corrida proprement dite.
L'article final auquel il est fait allusion devait figurer dans La Corrida du Premier Mai *et s'intitulait « Notes sur un premier voyage en Espagne ».*

Mes chers amis

Voilà le chiffre 6 remplacé par le nombre 7.
Puisse cette année être moins lourde.
Je vais renvoyer les notes. J'ai corrigé les fautes mais je
me demande si elles valent ce que leur conférait ma fièvre
de malade. Je vous fais juge. Supprimez ce qui vous
semble suspect.
Je vous aime bien et j'ai préparé votre départ avec Weill
et Seghers. Vu Weill à Antibes.

Votre Jean

Mon cher Jean-Marie

Il vient d'arriver à votre Pedres *et pour la seconde fois* une chose qui relève de la magie. Par chance je l'avais lu. Hier je veux le relire en détail, je le cherche et je ne le retrouve pas. Or il existe trois endroits où il peut être. Ma table, le deuxième lit de ma chambre — la salle du haut et l'atelier.

Tout a été fouillé, épluché, retourné. J'en étais mort de fatigue. Il est certain que le Pedres est là qui me nargue, mais où ? Comme basculé dans une dimension coexistante et invisible. En avez-vous un double ? Cette seconde disparition (la première aussi mystérieuse) me rend malade. Rassurez-moi vite.

Peut-être entre ma lettre et votre réponse me fera-t-il la farce (agréable) de revenir sous ma main. Mais je tenais à vous signaler le sort bizarre qui s'attache à ce texte, en ce qui me concerne.

Je vous embrasse

Jean

Merci pour Pedres que je trouve grave et magnifique. J'attends notre texte avec impatience et patience. C'est l'attitude que je conseille à Clergue.
Tous deux je vous embrasse.

Jean Cocteau

P.S. Les deux photographies sont arrivées par miracle. Je n'osais les redemander pour vérification d'un enchevêtrement de doigts et d'orteils.

A partir d'images de Clergue, Cocteau dessina le Saint Pierre outragé par les soldats de Pilate après le reniement : *second panneau de gauche de la chapelle de Villefranche-sur-Mer. A travers les Gitans du photographe, le poète rejoignait les supplices des cours de récréation, les tortures du début des* Enfants terribles *ou de la séquence du* Sang d'un poète.

Santo Sospir   *9 janvier 1957*
Saint-Jean-Cap-Ferrat

Mon très cher Jean-Marie

Votre Pedres retrouvé (sur la table où il n'était plus
[*sic*]) me donne le même plaisir que j'éprouvai jadis en
lisant pour la première fois l'étude d'Edgar Poe sur *Le
joueur d'échecs de Maelzel*. Rien de plus rare à notre
époque superficielle ou pédante que ce sérieux sans
pédantisme. Seghers a-t-il écrit ? Sinon je lui télégraphie-
rai. Rassurez Clergue que la lettre de Weill a dû catas-
tropher. C'est la lettre d'un type charmant qui se refuse
à rendre service à la légère. A mon estime, Clergue doit
encore attendre. Nous choisirons ensemble les photos,
déciderons des pochettes à tirage unique et à mon prochain voyage parisien je m'arrangerai pour une date définitive Rue Bonaparte. Que Clergue ne s'en fasse pas pour
l'argent. Je trouverai le moyen de le dépanner de ce
côté-là.
Donc grand calme sur la mer et dans le ciel. Si je n'avais
pas le Conseil municipal sur les épaules, je retarderais
d'un an l'ouverture de la chapelle.
On va toujours *trop vite*. En outre Clergue doit avoir le
temps de voir Picasso, de préparer tout cela solidement.
Si Clergue voit Picasso qu'il lui parle sans dire que le
conseil vient de moi de sommes indispensables, peut-être
m'aidera-t-il dans ce domaine ?

(Au dos de la lettre :)
J'ai vu un paquet de vous dans le vestibule mais j'ai une
si terrible besogne que je ne l'ai pas encore ouvert. Si
c'est notre texte — chance et soleil.

Je vous embrasse

Jean

Excusez ce style et cette écriture — n'êtes-vous pas mon
Champollion ?

Mon cher Jean-Marie

Ce que vous avez fait de mes notes est génial.
J'en arrive à me demander si ce phénomène (analogue
à celui du *Joueur d'échecs de Maelzel* par Edgar Poe)
n'est pas davantage votre œuvre que la mienne.
Bref je vous embrasse les larmes aux yeux et votre amie.

Jean

Santo Sospir   *Lundi*
Saint-Jean-Cap-Ferrat

Mon cher Jean-Marie

Je suis très heureux d'avoir le livre et *La Table Ronde*.
Voilà deux choses que je voulais faire et qui sont faites.
Maintenant il va falloir me soucier de Clergue. Et je
trouverai le moyen de mettre en œuvre la bonne méthode
de l'impossible — possible.
Je suis en train de retravailler la corrida. Mais votre
besogne est si merveilleuse que le travail est à la fois
très facile et très difficile.
« Je n'ose changer » et je t'embrasse ainsi que ton amie.

                                        Jean Cocteau

Saint-Jean-Cap-Ferrat   *7 février 1957*

Mon très cher Jean-Marie

Notre corrida vient de partir chez Grasset et je me suis donné le plaisir de vous associer nominalement à cet ouvrage. J'ai dû y joindre mon improvisation de Rome sur Picasso (Livre espagnol).
Donnez-moi vite de vos nouvelles et dites-moi que Clergue ne s'impatiente plus et me fait confiance. Je vous embrasse tous.

                                               Jean

Je m'enferme dans ma chapelle avec ce que j'aime comme dans une tombe d'Egypte. *Je m'y embaume.* Je serai à Saint-Moritz la semaine prochaine (Suvretta).

Pour Jean-Marie

Tu m'as gelé grand soleil incompréhensible
Me voilà seul et nu sur les glaces du pôle
Avec la toison sanglante sur mon épaule
De flèches hérissé dont mon cœur fut la cible

Or sur le sable d'or de la tauromachie
Hercule à col orné des quenouilles d'Omphale
Offre à la ferme épée une grâce avachie
Vers l'attelage de la marche triomphale

C'est la règle on ne peut rien changer à ces noces
A ces gradins de deuil à ces loges de crêpe
A l'ouragan léger de ces capes féroces
A cette fleur qui se métamorphose en guêpe.

                              Jean Cocteau

Pour Claude

Ariane donne à Thésée
Un costume de torero
Ce qui rend la conquête aisée
Pour le titre de héros.

                    Jean Cocteau

Suvretta House
Saint-Moritz

Cher Jean-Marie

Ton texte est très beau et je te félicite de « t'embaumer »
dans ton Arles comme je le fis dans ma chapelle. On ne
s'éloigne jamais assez de ce que nos ancêtres prenaient
pour la gloire et qui était une grosse farce marseillaise.
Enfonçons-nous dans la nuit du cœur, fuyons les intellectuels, c'est-à-dire les barbares.
De mes neiges, je t'embrasse.

Jean

13 avril 1957

Mon très cher Jean-Marie

J'arrive au Cap et je trouve, sur une montagne de paquets, votre neige exquise. Jamais vous n'avez rien écrit de mieux, de plus riche, de plus noble ni de plus *exact* dans les moindres détails et comme à tâtons dans l'ombre sans jamais que les doigts ne se trompent. Voilà ce qu'on peut appeler « progrès » dans notre univers où le progrès, tel que les gens l'entendent, n'existe pas.
Plus haut dirai-je ou *plus bas*, ou plus à *droite* ou plus à *gauche* — de toute manière en dehors de la zone indifférente ou du cercle des intellectuels.
Je t'embrasse et, du même coup, j'embrasse Clergue.

Jean Cocteau

Tu as raison, il convient d'être toujours inimitable. C'est le signe du style.

Il s'agit de ma première étude sur les photographies de Lucien Clergue qui devait paraître en allemand, en 1960, comme accompagnement à ses images aux éditions DuMont Schauberg à Cologne : Poesie der Photographie.

Rameaux

Ainsi toujours, très cher Jean Marie,
nous nous retrouverons au bord de cette cuve au bord
de laquelle perche le coq d'Arles. Toute ma tendresse et
ma reconnaissance d'avoir découvert des places auprès
de Jacqueline et de Picasso.

Jean

Le coq d'Arles avait fait son apparition dans un poème de
1918, Désespoir du Nord. *Par la suite, Cocteau devait*
nous donner ce surnom amical à Clergue ou à moi-même,
indistinctement. La « cuve d'ombre et de soleil où le vin
de Castille et le vin arabe fermentent » désigne les arènes
d'Espagne et du Midi de la France où se célèbrent les
corridas.

7 juin 1957

Mon très cher Jean-Marie

Excuse mes lettres décousues et hâtives. A la suite des *incroyables* misères dont j'ai payé de rêver le rêve de ma chapelle, j'ai, comme disent les mères, « fait » une crise d'urticaire insupportable. Et en outre il fallait encore me battre avec le conseil municipal de Menton qui chicanait pour cinquante mille francs à mes aides.
Bref une France digne du vide qui la gouverne. Je serai à Paris le 11 (trop crevé pour Nîmes) et de retour au Cap le 24.
J'apporterai mon portrait de Picasso et je le ferai photographier à Villefranche (Picasso le réclame pour le catalogue) mais sera-t-il temps ? J'en doute.
Réponds-moi vite à ce sujet.
Il est probable que je verrai Seghers et que je mettrai un peu d'ordre dans la gloire qui vous saute au nez à Clergue et à toi comme un bouchon de champagne.

Je t'embrasse

Jean

Exposition Picasso de juillet 1957 au musée Réattu d'Arles. Le portrait dont il s'agit est, bien entendu, celui que Picasso fit à Rome durant les répétitions du ballet Parade à Pâques 1917. Cocteau y tenait tout particulièrement. Il prit la parole lors de cette inauguration.

Santo Sospir   *Mardi*
Saint-Jean-Cap-Ferrat

Mon très cher Jean-Marie

Je serais peut-être resté un jour de plus sans le maire. En
face d'un type de ma sorte on ne parle pas de « grand
talent » ni même « d'immense talent » (on ne dit rien).
J'aimerais que le maire et son conseil municipal le « sus-
sent » comme on dirait à l'Académie. Et par ta bouche
ce qui sera la vraie vengeance.
Je risquais de ne pas faire devant les rois mages — figure
d'étoile ni de crèche — mais d'un adjoint de Picasso. En
outre, je sentais la fatigue de Francine.
Francine et Doudou sont revenus aussi enchantés de toi
et de Lucien que moi-même.
Cela m'a causé un vif plaisir.

                                        Je t'embrasse
                                            Jean

Santo Sospir   *30 juillet 1957*
Saint-Jean-Cap-Ferrat

Mon Cher Jean-Marie

Je suis comme hébété de travail par Menton — mais
j'aime cette hébétude qui m'écarte du mauvais rêve de
l'époque. Et j'aime ceux qui, comme toi, se défendent,
fortifiés en eux-mêmes sans cet absurde dédain de la
Tour d'Ivoire. Il y a place pour les amis dans notre
forteresse.

Je t'embrasse

Jean

Santo Sospir   *22 août 1957*
Saint-Jean-Cap-Ferrat

Mes très chéris

Ne croyez pas que mon silence soit un signe oublieux —
mais la salle de Menton m'a comme ligoté *dans un
incroyable méandre de lignes.* Ce matin j'ai voulu déjouer
le piège et prendre la mer mais un orage m'en a empêché.
Je me hâte de vous embrasser et de vous demander
quelques petites phrases sur vous, sur le travail, sur
Arles, sur l'exposition Picasso. Il m'arrive souvent d'entrer
dans l'adorable désordre de notre poète-photographe.

                                    Tendresses

                                        Jean

Santo Sospir   *5 septembre 1957*
Saint-Jean-Cap-Ferrat

Mon très cher Jean-Marie

Un journaliste américain raconte son voyage à Arles :
« Les cavaliers y portent le costume des nôtres et sur la
place on voit une statue de Buffalo Bill. »
L'article est illustré par une photographie de Mistral.

Je t'embrasse

Jean

*Il est amusant de recouper à vingt ans d'intervalle cette
lettre du poète avec le commentaire qu'a inspiré à Michel
Tournier la même image de bronze : « Sur la place du
Forum — appelée autrefois " place des Hommes " parce
que c'était là que les valets de ferme venaient se faire
embaucher —, la statue du grand Frédéric Mistral nous
accueille. Il semble sur le point de partir, l'auteur de
Mireille, avec son manteau sur le bras. " Il ne manque
que la valise ", disait-il lui-même de cette statue qu'il
n'aimait pas trop. Il est vrai qu'il y ressemble furieuse-
ment à Buffalo Bill, avec sa barbiche et son chapeau à
large bord. Buffalo Bill qu'il rencontra et qui lui offrit
son chien. Si vous allez au cimetière de Maillane, vous le
retrouverez, ce chien américain, il est sculpté sur le mau-
solée du poète félibre. » (Des clefs et des serrures — Le
Chêne, Hachette.)*

Santo Sospir   *29 septembre 1957*
Saint-Jean-Cap-Ferrat

Cher Jean-Marie

Nous avons longtemps parlé de toi avec Picasso — il
parle rarement des « autres » et avec respect. Je lui ai
dit que ton nouveau texte était encore en progrès — dans
un domaine où les progrès n'existent pas. C'est du nouveau dans du même. La chose rarissime. Je t'embrasse
et suis très fier d'être ton et votre ami — car je mets
Claude dans le coup.

Jean

Milly   *4 novembre 1957*

Bravo. Comme toujours ta plume vole et marche et jamais tu ne te trompes de route dans le labyrinthe. Le monstre est ton ami. Et le monstre c'est nous.

Il t'embrasse

Jean

Il s'agit d'une étude Habiter chez Picasso *que m'avait demandée Stéphane Cordier et qui devait paraître dans le premier numéro de la revue* l'Arc *cette année-là.*

9 novembre 1957

Cher Jean-Marie

Tâche de répondre à cette andouille de Don Enrique dans
Toros.
Il m'est difficile d'admettre qu'on m'accuse de voir dans
les courses un spectacle « répugnant et morbide » après
avoir lu mon livre où j'exprime avec noblesse ce
qu'éprouve un inculte sous l'influence de la responsa-
bilité. Point de vue subjectif sans aucune prétention
espagnole.
J'ai envoyé une courte lettre. Mais un jeune devrait le
moucher et lui dire qu'il n'y a que les âmes sordides
qui voient du morbide où il n'y en a pas. C'est ce qui
arrivait avec *Les Enfants terribles* qui respirent un air
trop pur pour vivre en ce monde et que certains sali-
gauds accusent d'inceste. Je t'embrasse et compte sur ta
plume exquise et haute.

Jean Cocteau

(Au dos de la lettre :)
Dis à Clergue que je suis fou de joie à l'idée des photos
nouvelles.

« *Ne pas oublier qu'un chef-d'œuvre témoigne d'une*
dépravation de l'esprit (Rupture avec la norme). Changez-
le en acte. La société le condamnerait. C'est du reste ce
qui se passe d'habitude. » *Cocteau ne tarderait pas à s'en*
convaincre : il nous était plus proche, plus cher dans la
réprobation que dans l'éloge. Quoi de plus morbide et de
plus répugnant que les poètes dont nous nous réclamions
et comment se plaindre quand on le voyait admis dans
leur compagnie ! Dommage que l'ordre de le mener au
dépôt n'émanât que de Don Enrique et ne vînt pas de
plus haut — le plaisantions-nous avec Claude. Aussitôt
Cocteau reprit possession de sa promptitude, de sa malice
terribles et mit les rieurs de son côté.

Tu es un sage
et je suis un fou
Je t'aime
et t'embrasse

Jean

P.S. — Mon excuse est qu'on me mange ici et que je pense avec le peu de moi qui reste.

Mes amis très chers

Ne vous étonnez pas de mon silence — au milieu de cette
cage à singes il me faut en cachette travailler sur deux
ou trois poèmes d'une rigueur incroyable où je tâche de
transmuter les chiffres en nombres et de fabriquer une
machine à significations au lieu de signifier tout court.
Cela ne me laisse pas une minute de calme et, ce soir, à
Milly, après le travail, je trouve la parenthèse heureuse
qui me permet de vous écrire.
La femme de Worms ne m'a pas encore montré les nouvelles photographies. Je rentre demain et les lui deman-
derai. Je vous embrasse et je vous aime.

Jean Cocteau

Avec des si, *poème central, poème-événement du recueil*
Paraprosodies *paru aux éditions du Rocher en 1958. Cet*
« essai d'une transmutation verbale des chiffres en nom-
bres sur un thème connu » est dédié à la mémoire d'Anton
Webern et à celle d'Arnold Schönberg. Composé de
quatre mouvements : andante cantabile ; allegro vivace ;
minuetto-allegretto ; finale, allegro molto ; et terminé par
un alea : largo facultatif, il semble poursuivre quelque
quadrature du cercle où la poésie serait à la fois l'aboutis-
sement du travail le plus perspicace et le produit brut
de l'inspiration. La soumission au flux verbal, à quelque
coulée incompressible Cocteau n'y saurait souscrire
entièrement. Sans doute attend-il du poème qu'il soit
dicté mais en organisant le hasard même. D'où l'impor-
tance inexplicable de la poésie considérée en tant qu'al-
gèbre. Lorsqu'il casse et reconstitue à sa guise le rythme
alexandrin, le vers se doit d'être inspiré et formel comme
le jeu d'échecs. Solidifier la métrique est le devoir du
poète, ce qui autorise une exactitude mathématique dans
le vaste du rêve et qui le rapproche de la musique.

Oui mon très cher Jean-Marie

Ton Pedres forme un tout secret — une blessure qui cicatrise sans complications.
« Par la bouche de ma blessure. » C'est ainsi que les choses que tu avais à dire furent dites. Et lorsque la blessure se ferme — elle enferme les secrets avec.
C'est notre noblesse d'être « illisibles ». Je t'embrasse.

Jean

« Par la bouche de ma blessure » : cette citation de La vie est un songe *de Calderon revient avec une grande fréquence sous la plume de Cocteau. Mon poème en prose sur Pedres auquel il est fait allusion devait paraître dans les* Cahiers des saisons *que dirigeait Jacques Brenner.*

Milly   *27 novembre 1957*

Très cher Jean-Marie

Enfermé dans ma chambre nocturne de Seine-et-Oise où
je me repose, je ne trouve rien pour t'écrire que ce
vieux papier buvard — mais Doudou m'apporte ton texte
et cette nuit est si belle où après une autre merveille en
son genre, le livre de Fraigneau, ton cœur parle et déroule
sa bande de magnétophone dans le silence incroyable de
la campagne. J'ai de la chance ! Je lisais hier le *Baudelaire jugé par ses contemporains* et j'étais consterné par
cette vague de sottise badine et désinvolte, après sa mort
il eut Verlaine, Mallarmé, l'univers — mais vivre cela,
être tenu de prendre des attitudes ridicules pour se
défendre ! — oui, j'ai de la chance d'avoir de tels amis
reliés à mon âme par des songes plus vrais que la fausse
réalité.
Je t'embrasse et Clergue. Comme à Oxford je n'ai qu'à
sécher une goutte de sang sur une feuille et ta machine
y puise l'image de mes organes et du mal qui les singu-
larise.
A cause de ces textes j'ai moins peur de me cogner dans
le noir contre quelque angle maléficieux.
Vive Arles.

                                              Jean

*André Fraigneau venait de publier aux éditions du Seuil
un* Jean Cocteau par lui-même *et les éditions du Rocher
un* Baudelaire jugé par ses contemporains. *Pour la première fois je tentais sous forme d'essai de payer ma dette
de reconnaissance à l'œuvre du poète.*

A ce buvard qui buvardait mon cœur et la nuit — j'ajoute que **Pedres** forme un très bel ensemble et qu'il faudra revoir le tout avant de songer à l'impression.

Par exemple, ta mémoire te joue des tours à l'inverse de ceux qu'elle joue aux autres. Trop de citations enlèvent au public la joie du neuf et de te lire — c'est ta modestie adorable qui te pousse à t'effacer derrière celui dont tu parles.

Naturellement ce P.S. ne concerne pas Pedres.

Je t'embrasse

Jean

Je vais renvoyer pour Claude le texte de ta lettre ouverte.

Mon très cher Jean-Marie

Me voilà sur un coin de table de cuisine avec 3 personnes qui me regardent écrire.

Je ne peux rien pour toi (sauf des paroles du cœur) avant le retour de Gérard Worms (le Rocher) qui rentre du Brésil en février. Car les autres éditeurs me diront oui et te feront attendre un siècle — (sauf peut-être Seghers). Publier — oui — car c'est ta santé morale qui est en cause. Les revues ? *Table Ronde* ou quoi ? *Paulhan est très vague.*

N'oublie pas que tes textes sont de l'ordre *difficile,* mystérieux et que leur authenticité même les oblige à subir le sort des nôtres lorsqu'il n'y avait personne pour nous venir en aide. Ici tu as moi et tu as Picasso. Seulement les gens ne nous écoutent que d'une oreille distraite lorsqu'il ne s'agit pas directement de nous.

Réponds-moi *exactement* quels sont tes vœux.

Je ferai l'impossible

Jean

(Au dos de la lettre :)
Dis à Clergue que ses nouvelles photographies sont admirables et qu'il ne m'en veuille pas de ma terrible fatigue.

Santo Sospir   *8 janvier 1958*
Saint-Jean-Cap-Ferrat

Très cher Jean-Marie

O Miracle te voilà presque dénoué, libre de lancer ton
lasso comme tu le veux et c'est ce que tu visais qui n'est
plus libre.
Tu verras dans la prochaine *N.R.F.* (en retard pour une
malfaçon de couverture) un acte de solitude comme il
en existe peu. J'ai lancé le lasso et tiré de toutes mes
forces douces à la manière des pêcheurs à la ligne.
Je t'embrasse et Clergue. Tu devrais envoyer ce texte
admirable à Paulhan.

                                              Jean

Je venais d'envoyer à Jean Cocteau A une ennemie, *premier poème en prose de* Non-Lieu, *qui allait m'occuper
pendant un an et dont il sera souvent question dans les
lettres suivantes avant sa publication aux éditions de
l'Arbalète par Marc Barbezat.*
L'acte de solitude est précisément le poème Avec des si.

Santo Sospir   *23 janvier 1958*
Saint-Jean-Cap-Ferrat

Mes très chers enfants

Ayez un peu pitié de moi. J'étais à Paris, j'enterrais ma
sœur. (Empoisonné en outre par un mauvais gin) — Je
trouve une lettre de Lucien catastrophé par celles de
Jeanine Worms.
Sait-il qu'un tel livre coûte trois millions à ce Rocher qui
remonte péniblement la pente des dettes du Prédéces-
seur ?
Il importe de comprendre cette époque si difficile.

Je t'embrasse
Jean

Je viens d'envoyer tous tes textes à Jeanine. Je suis trop
fatigué pour faire moi-même ce travail. J'arrive il y a une
heure.

Jeanine Worms, femme de l'éditeur Gérard Worms,
romancière et auteur dramatique.

Milly   *16 février 1958*

Mon Jean-Marie

Plus je lis tes textes et plus je les éprouve — plus je me
rends compte qu'ils cherchent, comme les boules de mer-
cure, à former un tout mystérieux et à se rejoindre.
Ne t'étonne pas des silences qui les accompagnent. C'est
le véritable cortège. La véritable avant-garde — la véritable foule des poètes.

                                        Je t'embrasse
                                             Jean

Mes enfants très chéris

Voilà de quoi il retourne. J'arrive dans une des salles des Baux où campent des gitans. Une jeune fille se tire les cartes devant une table boiteuse. Un garçon grattouille de la guitare et le reste *ad libitum.* Une femme âgée et en prière et un autre type feraient bien — il n'y a de rôle (très simple) que pour la jeune fille.

2° — A la fin du film — je suis comme un gisant étendu sur une dalle et les gitans viennent sangloter le flamenco autour de moi — la même famille plus ce qu'on trouvera sur place. Ils auront contrat et paye. S'ils demandent des prix exorbitants — je tâcherai de trouver avec vous des types capables de se substituer à eux. Mais, hélas, je crains que le film en souffre. Car dans un tel film, je ne peux me passer aucune faiblesse. Je vais encore y réfléchir et je vous aurais une profonde reconnaissance d'y réfléchir un peu pour moi. Je tournerai en mai. Il sera donc facile, au besoin, d'aller tourner la 1ʳᵉ scène aux Saintes — et de trouver les gitans de la fin ensuite.

Mille et mille tendresses

Jean

Cher Jean-Marie, regarde dans le dernier *N.R.F.*, mes 7 dialogues qui serviront de préface aux *Paraprosodies.* Je tiens beaucoup à ces textes.

Cocteau nous entretient pour la première fois de son film Le Testament d'Orphée *dont le tournage ne devait commencer que le 7 septembre 1959 dans les carrières désaffectées des Baux-de-Provence.*

Les Sept Dialogues avec le Seigneur inconnu qui est en nous *: ultime tentative de sacralisation de la bouche* *d'ombre, impérieuse nécessité de diviniser l'autre en soi-même. Défini par Sartre, l'Ange Heurtebise, « cet habitant des cieux qui s'est fait parachuter sur terre et que son équipement embarrasse », se hausse jusqu'à ce Seigneur invisible, ancestral, à la fois prince et monstre de la nuit du corps humain. Le livre du philosophe sur Jean Genet semble avoir accru au bout du compte le besoin du poète de dialoguer avec une instance supérieure en lui, un Dieu immanent et de lui offrir d'abord ses alchimies du verbe.*

Santo Sospir   *16 mars 1958*
Saint-Jean-Cap-Ferrat

Mon cher Jean-Marie

Veux-tu être assez aimable pour me retenir (6 et 7 avril)
les 3 meilleures places à côté des Picasso et comme Bernard Buffet et Pierre Bergé viennent (j'habiterai chez
eux après le 7) téléphone à Pierre Bergé au 5 à *Rousset-
sur-Arc* et demande-lui s'ils veulent que tu retiennes les
places. Je t'enverrai la somme immédiatement pour ne
pas te vider la poche car les places sont chères. C'est une
grande joie de se voir et de parler du film. (Le mieux
serait que tu t'arranges avec Jacqueline et Bernard pour
que nous soyons tous ensemble. Cela m'amusera que Bernard et Picasso se rencontrent.) Ne parle pas de Bernard
Buffet aux Picasso. Une fois tous ensemble Picasso le
trouvera charmant. MERCI.
Je réfléchis en P.S. que Rousset-sur-Arc et Arles sont trop
éloignés l'un de l'autre. Donc tu retiendras les chambres
comme d'habitude mais aussi pour Fernand le chauffeur
et une très bonne chambre pour Francine — la dernière
fois elle avait une chambre impossible et Fernand n'en
avait pas. Prendre les précautions d'avance car Nord-
Pinus est trop remuant pour nous.

(Au dos de la lettre :)
Donc en résumé : Chambre à 2 lits (celle que j'ai d'habitude) pour Doudou et moi et très belle chambre pour
Francine avec salle de bains et chambre pour Fernand
le chauffeur. Fais bien noter les dates : 5, 6 et 7 — car la
dernière fois ils n'avaient rien noté du tout.

*Jean Cocteau projetait une rencontre entre Bernard Buffet
et Pablo Picasso au cours d'une corrida arlésienne. On*

123

peut suivre dans cette lettre l'agencement d'un complot d'amitié auquel les circonstances ne permirent pas d'aboutir. « Entre autres ridicules, il arrive à l'actualité d'opposer l'aube froide de Buffet au tropical coucher de soleil de Picasso. »

Santo Sospir   *26 mars 1958*
Saint-Jean-Cap-Ferrat

Très cher Jean-Marie

« *Rapiécé ! et le vent te parcourt* » c'est admirable et *vrai*.
Tu ne peux imaginer ce que je traverse — le nombre
d'obstacles qu'on oppose à mes rêves. Mais je lutte. J'en
arrive à me demander s'il me sera possible de me rendre aux corridas. Il est probable que Etienne Perier
passera te voir pour la scène des gitans.

Je t'embrasse

Jean

Au reste j'ai tort de me plaindre — on n'échappe pas à
la courbe de son destin.

*On peut voir par cette lettre et par d'autres qui la sui-
vront les difficultés que rencontrait Jean Cocteau pour
réaliser son dernier film* Le Testament d'Orphée. *Il cher-
cha longtemps un producteur qui consentît à lui faire
pleine confiance et à le laisser tourner à sa guise, en toute
liberté.*

Santo Sospir   *17 avril 1958*
Saint-Jean-Cap-Ferrat

Mon très cher Jean-Marie

Je suis navré. J'aimais vous voir à nos places et cet
argent revenu avait l'air d'un reproche — (pas de toi) —
mais du destin. Bref nous revenons d'une Rome du Nord
et nous trouvons un jardin noyé. J'hésite même à embar-
quer le film sur cette galère. Ta prose possède les nobles
privilèges de la poésie, sans embrouille.
Je t'embrasse et te charge d'embrasser toute la petite
famille d'Arles.

                                                Jean

Je sais bien, mon cher Jean-Marie — je sais bien. Je nage dans cette absurde pénombre et dans cette monstrueuse injustice. Tu sais bien que chaque personne ajoute à mon temple sa pierre de silence. Ils n'osent pas m'empêcher de publier. C'est tout.

Je t'embrasse
Jean Cocteau

Saint-Jean-Cap-Ferrat   *12 mai 1958*
A.M.

Mon très cher Jean-Marie

Je commence à sortir un peu de ce tunnel où m'enfonce toujours un voyage à Paris. *J'ai grand besoin de toi et de Clergue* (chacun son tour) — je prépare un film qui sera en 1958 analogue à ce que fut jadis *Le Sang d'un poète*. Dans ce film paraissent des gitans, une petite famille à roulotte — composée d'une belle gosse d'un beau gosse d'une femme qui allaite — et de qui on veut en plus. Et à la fin du film il faudra un groupe qui sanglote le flamenco autour de ma fausse mort sur une dalle des Baux. Bref, sans votre aide, je ne trouverais jamais ce que je rêve. On les paie et on signe de manière à n'avoir ensuite aucune surprise. Mais c'est un film artisanal qui n'est pas riche. Veux-tu me répondre en vitesse comment arranger les choses. Je tournerai en mai.
Je t'embrasse et ta compagne et Lucien.

                                                                          Jean

Les gitans d'Arles avaient adopté Clergue, il nous semblait qu'ils campaient en permanence dans sa maison et dans son œuvre. Cocteau se souvient de cette troupe qui rythmera de ses plaintes les incursions du poète dans l'au-delà.

Santo Sospir   *9 août 1958*
Saint-Jean-Cap-Ferrat

Merci mon très cher Jean-Marie

J'avais besoin de quelque chose d'obscur et de vif. Tes pages me l'apportent la veille de mon départ à la montagne.
Je les emporte en guise d'Arles et je t'embrasse du fond du cœur.

Tendresse à Claude

Jean

Je venais d'envoyer à Cocteau mon article sur ses Paraprosodies, *qui n'allait pas tarder à paraître, à* La Table Ronde, *dans le numéro d'octobre 1958.*

Pour te remercier

Portez armes !

Qu'a donc ce Duc, un caducée ?
Une dague, un viaduc ?
Pourquoi sous sa hanche de **Duc**
Cette jambe bien balancée ?

Ce mollet gros ce dur genou
Avec la plus cheville mince ?
En outre moins naïf que **nous**
Cette insolence de prince

Le voilà le voilà tout **nu**
Sa peau devenant fier costume
Un bel autre que ne connûmes
Sauf sous un nom inconnu.

                              Jean

Mon très cher Jean-Marie

Ce que je veux que vous sachiez bien Lucien Clergue et toi et Claude c'est que vous n'êtes pas en surnombre — mais aux trois places du bord, le coude appuyé sur ma plus belle cape : celle aux 7 roses rouges. A part Francine, Jean Marais et Cégeste vous êtes mes seuls amis et, de cette montagne, où j'essaie de guérir, je vous embrasse. Encore une fois j'ai mal compris le seigneur inconnu. Je croyais être malade parce que je ne faisais pas mon film et je viens d'avoir la preuve que mon film *était reculé parce que j'allais être malade.*
Vous voyez que ma syntaxe me joue aussi des tours et que je suis souvent ma propre dupe.

Jean

Dans cette lettre d'adoption où Cocteau nous veut parmi ses amis les plus proches, on peut s'étonner de la présence de Cégeste qui est l'ange succédant à l'Ange Heurtebise dans le poème du même nom. En réalité, Cégeste est aussi un personnage des films Orphée *et* Le Testament d'Orphée *que devait incarner Edouard Dermit — ce qui nous faisait tout bonnement entre nous appeler Edouard Cégeste.*

15 septembre 1958

Très chère Claude

Merci. Ces places seront un peu comme un scapulaire sur mes douleurs. Il faudra que je me porte assez bien pour m'en servir. Merci pour les arènes et pour le Cheval-Blanc. Joie de vous voir sur ma côte. Je vous embrasse et vous englobe dans ma tendresse pour J.-M. et Clergue.

Jean

Pablo Picasso et Jean Cocteau avaient coutume de descendre à l'hôtel du Cheval-Blanc sur la place des arènes, à quelques mètres seulement de l'amphithéâtre, lorsqu'ils assistaient aux corridas de Nîmes. A Arles Jean Cocteau avait choisi l'hôtel Jules-César situé près de la promenade du boulevard des Lices où défilaient gardians et Arlésiennes et Pablo Picasso l'hôtel Nord-Pinus, où descendaient les toreros et d'où il pouvait voir au réveil le dos de bronze de la statue de Frédéric Mistral.

Santo Sospir   *4 octobre 1958*
Saint-Jean-Cap-Ferrat

Cher Jean-Marie

J'ai lu *Non-Lieu*. Il te faut choisir. Si tu décides cette
écriture close — (et je t'approuve) — tu ne peux te permettre aucune négligence et chaque phrase, que dis-je
chaque syllabe doit être un coup de couteau dans le lecteur. Je t'ai souligné tes *secrètement inlassablement dis-
crètement cruellement an-an-an*. Tu dois nettoyer ce texte
de cette graisse qui l'empêche de vivre — qui *étouffe son
cœur*. Le thème est magnifique et mérite tes sacrifices et
ceux de Claude. Mais tu dois t'en imposer d'autres et
dérimer ta prose qui devient molle par la faute des mille
adverbes que tu emploies.
Une fois ce travail accompli — ta phrase deviendra
comme un doigt tendu vers les juges — sinon la
phrase danse d'un pied sur l'autre et *endort*. Tu te
dois de réveiller chaque seconde celui qui t'écoute. Je
me demande si tu ne vis pas trop enroulé sur toi-même
autour d'un noyau de souvenirs et de références. Il faudrait que tu puisses « t'oublier », ouvrir les fenêtres de
ton âme — ou — sinon — aller jusqu'à l'horreur de la
séquestrée de Poitiers et parvenir aux délices de la pourriture — de l'œuf de cent ans des Chinois. Prends tout
ce que je dis comme preuve de ma tendresse.

                                        Jean

(Au milieu de la lettre et encadrée, cette phrase :)
Ce n'est pas de dénouer que je te parle. Mais d'inventer
une autre forme de nœud.

*Bel exemple d'hygiène poétique, cette lettre enseigne une
gymnastique de l'âme où Cocteau excellait.*

Jean-Marie

Je suis très fier de ce texte *miraculé* — guéri par moi des écrouelles — Puisse mon aide t'ouvrir les yeux sur le terrible nœud de *La Table Ronde* qui noue davantage mon nœud et oblige le lecteur à l'emploi du glaive anti-gordien.

Pourquoi ne jamais dire : « Je ne comprends pas ce papillon — cet insecte. Mais je les adore et je les admire. » C'est faire œuvre de foi — la seule chose qui compte.

Une personne qui avait lu ton texte le croyait une critique sans pitié de mes poèmes. Or ce n'est pas ce que voulait ton cœur. Tâche de te laver du « cartésianisme de l'obscur ». Il y en a un. *Jamais mon fil ne casse.* Tu te trompes. Simplement l'araignée use d'une autre drogue et sa toile échappe aux règles illustres. Sache que je ne pense pas à moi en critiquant cette critique — mais à toi. Et j'ai la certitude d'un malentendu à force de désirer comprendre là où il n'y a *rien* à comprendre sauf une de ces énigmes de la nature qui doivent être toutes simples et nous semblent compliquées faute d'en connaître le mécanisme. On ne doit jamais tomber dans l'erreur de Jacques Rivière qui était aussi difficile à suivre que les œuvres dont il parlait !

Si tu montrais la lumière de ton cœur au lieu de tailler ton intelligence en pointe — tu mettrais dans le mille — je te signale en outre des fautes de français qui dénoncent l'extrême préoccupation de n'en faire aucune. Et tu cites inexactement des vers les « hormones aidant », or cet inexplicable par erreur donne des armes à ceux qui ne savent pas me lire. Je note en vitesse ce que je n'aimerais pas te dire tout haut et je suis certain que tu n'y verras aucun reproche. Le meilleur de ton article est le rapport entre mes héroïnes.

Comme dans tout texte d'ordre oracleux ou sacré il y a une clef. Le tout est de savoir si le critique doit chercher la serrure d'un miroir comme celle d'une porte. *La parité*, la nouvelle science de renversement des images n'a rien à voir avec le rossignol ni avec la pince-monseigneur.

Il t'aurait fallu commencer par le commencement et parler d'abord des dialogues — alors que tu commences par la fin ou le milieu et que tu parles au lecteur comme s'il connaissait déjà ce seigneur inconnu que tu admets d'emblée comme un impératif — inévitable alors que nul n'en avait jamais signalé le rôle — (le moi qui transcende le *moi*). Tu n'as pas situé historiquement *Avec des si*. Tu devais le montrer comme la réapparition du poème après le simple lied ou après la façon de dire certaines choses d'une certaine manière et de prendre cela pour la poésie. Tu devais signaler l'anti-mallarméisme de ce poème, et la poésie redevenant ce qu'elle n'aurait jamais dû cesser d'être : une machine à signification.

Bref au lieu d'étudier le problème de l'obscur et son pourquoi — tu n'as cherché que des explications à un texte et ne les trouvant pas (à juste titre) tu as encore trouvé des explications à cette porte close — dans un thème propre à l'auteur (solitude de ses héroïnes) et somme toute de ses Muses. Alors qu'il fallait dire que l'on a perdu le respect religieux de l'oracle — du verbe obtenu par une alchimie propre à *réduire le rôle de l'intellect* et à permettre à l'inconnu de prendre pied en ce monde (tentative Heurtebise). Avec ton texte mon travail se solde par un échec.

Belle journée — nous avons continué la fiesta à Aix et à Vauvenargues avec les Picasso — c'est pourquoi j'ai dû quitter Arles en vitesse.

Jacqueline me dit « J'ai lu l'article de Magnan — On se demande si c'est pour ou contre ».

Tu vois que j'avais raison — ce qui n'empêche que je t'aime et t'embrasse — Je voudrais te déligoter, te plonger dans la vie afin de la vaincre.

Jean

Cher, Cher Jean-Marie

Tu vois comme c'est dangereux de vivre replié sur soi-même. Tu t'imagines que notre cœur, nos contacts, bref notre amitié sont en jeu, alors que je parle de moi et de mes poèmes comme d'un objet étranger qui ne m'intéresse que par rapport à ton œuvre. Je ne te soufflais rien. Je te renseignais sur mes démarches profondes et tu as pente à prendre pour des griefs un simple conseil qui porte sur l'ensemble d'une attitude spirituelle. Je te citais le doute de Jacqueline à seule fin de te prouver que ma critique ne venait pas d'une mauvaise humeur dont je suis aussi incapable que de faire du mal à une mouche. Or je t'aime et je te dorlote dans ma solitude. J'ajoute que plus clair tu ne serais pas mieux compris et ne me ferais pas mieux comprendre.

(Au dos de l'enveloppe :)
J'aurais dû te parler avant — mais il arrive qu'on ne voie les choses qu'avec quelque recul.

Santo Sospir   *18 octobre*
Saint-Jean-Cap-Ferrat

Mon très cher Lucien

Je trouve ton texte remarquable et aussi simple (charnu) que les paroles de Cézanne ou de Renoir qu'on nous rapporte. En grondant Jean-Marie *je ne me faisais pas entrer une minute en ligne.* Je tâchais de le mettre en garde contre l'annulation du repli sur soi-même qui nous fait retourner au fœtus dans le confort du ventre maternel. Si (ce qui est impensable) un jour, Claude lui disait : « Je te quitte. Débrouille-toi seul » (sans en penser un mot) comme une autre dame aux Camélias, peut-être devrait-il lutter et serait-il obligé de se dénouer, jusqu'à l'élan qu'il a tendance à confondre pour la pente du laisser-aller. Je viens, par contre, de fermer les yeux et de revoir son texte désadverbisé. Sans toutes ces mauvaises herbes, ortie et chiendent, il embaume la bonne prairie. Je t'embrasse et te charge de l'embrasser pour moi.

                                                            Jean

Picasso a raison on ne connaît pas de peintre avec une belle boîte de couleurs — pas de poète avec un beau porte-plume. D'Annunzio restera toujours victime avouée par les papiers luxueux.

(Au dos de la lettre :)
Top Secret
S'il s'obstine, le cher visage de J.-M. *ira au masque* — malgré la tendresse de ses yeux.

Lucien Clergue relatait pour la première fois son expérience de photographe conduit par la seule nécessité de s'exprimer et à l'encontre de tous les manuels. Son exem-

ple ravissait Cocteau parce qu'il enseignait avec bonheur que la technique n'est que l'individualité, et que le métier c'est ce qui ne s'apprend pas, selon la grande parole de Picasso. Le métier sans faux-fuyants.

Lorsqu'il s'inquiétait à mon égard, le poète prévenait souvent Clergue ou Claude. Réciproquement, quand il était soucieux pour Clergue, il s'adressait à Claude et à moi-même. S'agissait-il de donner plus de poids à ses remontrances ou d'en atténuer la portée, je serais bien en peine de le dire encore aujourd'hui.

Santo Sospir
Saint-Jean-Cap-Ferrat   *4 novembre 1958*

Mon Jean-Marie

Si tu savais — et c'est hélas impossible — ou « par
chance » ce que j'ai traversé pour devenir une maladie
contagieuse — tu ne me ferais aucun reproche. La plupart
de mes drames et atroces solitudes venaient de ce que
jamais aucun de nos aînés ne nous parlait avec tendresse
et sans détours. Chaque ligne partant pour Arles contri-
bue à ce fleuve amical et — tu connais le mot d'Héraclite
« on ne se baigne pas deux fois dans le même fleuve » ce
qui ne l'empêche pas d'être « un » — d'être un fleuve et
de n'emporter vers la mer aucun des objets qu'il renverse
sur sa route.
Raconte-moi la corrida laïque et embrasse Claude. J'ai
envoyé un poème à Clergue — l'a-t-il reçu ?

                                                Ton Jean

*Corrida laïque, simple course de bienfaisance où les tore-
ros ne revêtent pas l'habit de lumière et affrontent des
adversaires jeunes en costume de paysan andalou.*

140

Saint-Jean-Cap-Ferrat   *22 novembre 1958*
A.M.

Mes très chéris

Me voilà de retour après une tornade fatigante dans une
ville qui est devenue garage d'automobiles et province à
cancans ridicules. J'aimerais avoir de vos nouvelles et de
Lucien. J'ai toujours peur de savoir Claude sur son hippogriphe et toi dans ton labyrinthe d'encre. Raconte-moi
ce qui se passe en Arles et si tu as engagé le fleuret avec
Milorad (ces duels finissent toujours par l'accolade).
Ici drame. La petite bonne de Francine avait « *rangé* »
ma chambre. Il en résulte que le script de mon film est
introuvable et que je n'en possédais pas de double.

                                         Tendresses de

                                              Jean

*L'hippogriphe en question était la Vespa qui nous menait
jusqu'à Jean, d'Arles au Cap-Ferrat, et que conduisait
Claude.*
*Milorad, jeune écrivain ami de Cocteau, avait confirmé
le poète dans son jugement sur mon article de* La Table
Ronde. *Ce n'est que vingt ans après que nous devions
nous rencontrer et nous reconnaître comme les collabo-
rateurs les plus constants des* Cahiers Jean Cocteau *(Gallimard N.R.F.).*

Santo Sospir
Saint-Jean-Cap-Ferrat

Noël 1958

Mes très chéris

J'ai voulu attendre que le sapin s'envole et que truffes et
dindes s'enfoncent dans la vieille année, pour vous
embrasser au calme et vous dire avec quel cœur je pense
à vous, au travail de Jean-Marie, à sa soif de beauté Vraie.
Donnez-moi de bonnes nouvelles.

Jean

Santo Sospir
Saint-Jean-Cap-Ferrat

3 janvier 1959

Mes très chéris

Je n'écrivais pas parce que j'étais malade et que le film boitait d'une aile — je suis encore malade (crise de foie) mais j'ai changé de producteur et le film se fera en avril. Il me faudra des gitans et votre tendresse sans laquelle c'est l'âme qui se traîne dans un couloir d'hôpital. Je répète *La Voix humaine* avec Poulenc à Nice.
Lucien m'a l'air de prendre le large. Mais la porte étroite reste la bonne. Si j'avais débuté comme toi, je m'évitais la moitié des embêtements dont je souffre.

Je t'embrasse et Claude

Jean

Cocteau assure la mise en scène de l'opéra que Francis Poulenc a tiré de La Voix humaine *et que Denise Duval créera à l'Opéra-Comique le 6 février 1959.*

Courageux et attentif dans un monde lâche et distrait.
Je t'embrasse
et vive la solitude !
Jean

Santo Sospir   *14 janvier 1959*
Saint-Jean-Cap-Ferrat

Il faut que tu fasses comprendre à Clergue que je ne suis
pas tombé très malade uniquement pour l'ennuyer et
qu'on enregistre pour la radio 8 jours avant d'émettre.
Je t'embrasse et Claude.
Je n'ai pas le droit d'écrire. J'ai perdu beaucoup de sang.

Jean

Il ne faut pas que Lucien devienne un fou d'égoïsme on
l'aime trop et il n'aurait plus le droit de juger **Picasso**
qui ne voit plus personne.

Au cours d'une répétition de La Voix humaine, *Jean Cocteau a une hémoptysie. Il doit aussitôt s'aliter pour quatre
semaines. Il mettra à profit ce repos forcé pour écrire le
premier jet de son testament poétique,* Le Requiem.
*Comme il refuse d'abord les transfusions de sang, le
Pr Soulié appelé en consultation feindra d'acquiescer :
« Je vous comprends : le sang d'un poète ne se remplace
pas. »*

145

Santo Sospir   *Chandeleur*
Saint-Jean-Cap-Ferrat

Rien ne pouvait me faire plus de plaisir que les Cantes
Flamencos. Le Professeur Soulié me donne espoir mais la
nuit du corps humain est profonde.

Je t'embrasse et Claude

Jean

*J'ai envoyé à Jean Cocteau durant sa maladie, pour le
soutenir durant l'épreuve, tout ce que je pouvais trouver
de* cantes flamencos, *de* coplas *espagnoles, de* soleares
que publiait en édition bilingue Guy Lévis Mano.

Santo Sospir   *Mardi*
Saint-Jean-Cap-Ferrat

Mon très cher Jean-Marie

Quel conseil te donner ? Je n'ai pas encore retrouvé le
vin rouge de ma bouteille.
Moi-même je nage au milieu d'un poème fleuve du style
« traduit de quoi ? ». J'adore ta noblesse, ta réserve et ton
feu. Tant de jeunes sont vulgaires — agressifs et froids —
ton programme doit être de continuer à dénouer le nœud
gordien que les autres coupent.
Je voudrais te représenter avec sur les genoux le coussin
de la dentellière et tes mains qui meuvent la navette
cependant que tes yeux regardent ailleurs. Les quatrains
gitans sont très beaux. Je suis en train de me battre
contre les assassins de la beauté (film) c'est la troisième
personne qui manque délibérément à sa parole d'honneur.

                        Je t'embrasse et Claude
                                    Jean

Santo Sospir   *Pâques*
Saint-Jean-Cap-Ferrat

Mes chers enfants

Paris m'a été très difficile à vivre comme toujours —
d'où mon silence. L'exposition de Lucien était belle.
Doudou a vécu un vrai conte de fées qui me console du
reste. Il tombe à la minute exacte d'une grande fatigue
des yeux et des âmes.

Je t'embrasse et Claude

Jean

Le 19 mars 1959, Cocteau assiste à l'exposition des pein-
tures d'Edouard Dermit dont il a écrit — mais non signé
— la préface du catalogue, galerie Montmorency, rue du
Cherche-Midi.

148

Santo Sospir   *2 avril 1959*
Saint-Jean-Cap-Ferrat

Cher Jean-Marie

La vérité sort de la bouche de l'enfant que tu es et que
j'aime. Lucien se trompe.
Il a une sorte de chance et j'étais à son vernissage
avec une foule *très chaude et pas bête.* Le cas d'Edouard
est tout autre. Il jouait sa vie *(après ma mort)* à
pile ou face. Son miracle est d'être tombé juste à la
minute d'une grande fatigue des yeux et des cœurs. Des
inconnus achetaient ses jardins pour s'y promener chez
eux et s'y désintoxiquer de l'essence d'automobiles et du
mazout. Lucien voudrait *avec des photographies* obtenir
une gloire de cantatrice ou de cinéaste. Sait-il que ma
célébrité laisse mon obscurité intacte et que ma plus
grande surprise est d'avoir hier reçu la visite de deux
gosses, l'un de dix ans et l'autre de douze, qui m'ont
récité les poèmes les plus difficiles d'*Opéra* par cœur.
Ces surprises-là s'attendent soixante ans et restent secrètes. Ces gosses devinrent aussitôt les messagers d'un
contact futur avec une nouvelle jeunesse. Si tu m'aimes
et Claude c'est que tu as et que j'ai l'âge de ces gosses
— ce qui embrouille les cartes c'est que j'ai aussi l'âge
de la tour Eiffel. Sois la haute sagesse de Clergue et
empêche-le de courir après lui-même.
                              Je t'embrasse et Claude
                                                Jean

*Première exposition de Clergue en France, à Paris, gale-
rie Montaigne.*

149

Santo Sospir   *22 mai 1959*
Saint-Jean-Cap-Ferrat

Très cher Jean-Marie

Il est très difficile de *s'introduire dans un dialecte.* Mais
je me permets de te supprimer du mou — et cet atroce
mot minaudière (du genre ambiance). Surveille plusieurs
verbes dont je ne vois pas l'accord. Et trop d'entrelacs.
Bref peu de chose — et je t'embrasse.

                                                      Jean

*Cocteau venait de relire attentivement le dernier état
qu'il m'avait aidé à mettre au point de* Non-Lieu *et à
tendre encore davantage le langage. Comme à tous poètes,
certains mots lui étaient insupportables, mystérieusement
interdits, signes de vulgarité ou de laideur : ainsi en
allait-il d'ambiance et de minaudière. Par contre il avait
beau aimer le mot entrelacs que je lui devais, sans nul
doute me reprochait-il d'en abuser.*

150

(Au dos d'une photo sur laquelle se trouve Jean Cocteau :)
30 mai 1959

Ma chère petite Claude

A cheval sur Pégase comme Bellerophon avec poète en croupe. Je t'embrasse et je pense bien souvent à toi et à l'exemple que tu donnes à toutes ces fausses muses.

Ton Jean

(Sur le côté de la photo :)
Journée des mères et des maires.

Milly   *16 juin 1959*

Mon cher Jean-Marie

Je viens de vivre (de revivre) sur des échafaudages peu
solides pour la décoration de la Chapelle des Simples à
Milly. Je crois être arrivé ce soir à ce que cette petite
chapelle lépreuse lévite et se tienne suspendue en l'air.
Mais reste à la peindre.
C'est pourquoi j'ai reculé la lecture de ta pièce. Je m'y
enfouirai cette semaine et je t'embrasse.

                                                  Jean

Je demande pardon à Lucien. Claude Pinoteau, mon assis-
tant a dû vouloir le toucher coûte que coûte.

*Cocteau aura consacré une grande part de la fin de sa
vie à décorer des chapelles : chapelle Saint-Pierre à Villefranche-sur-Mer, chapelle Saint-Blaise des Simples à
Milly-la-Forêt, chapelle de la Vierge à l'église Notre-Dame-
de-France à Londres, sans oublier les vitraux de Saint-
Maximin à Metz et les 150 dessins préparatoires pour la
chapelle de Fréjus (« de quoi décorer toute une cathé-
drale » selon les propres termes d'Edouard Dermit).
Nuit d'un couple ou la coexistence tentait l'expérience
théâtrale pour dénouer le langage de mes poèmes et l'articuler sur les planches. Cocteau m'y encourageait. Il
pensait ainsi que j'échapperais au terrible huis-clos de
la poésie et à un certain repliement ou autisme qui
conduisait à l'hermétisme et au silence. Toujours l'opé-
ration secours.
Avant de devenir un réalisateur connu, Claude Pinoteau
devait être le bras droit du poète dans Le Testament
d'Orphée. Cocteau jouant son propre rôle, Pinoteau ne
cessa de le relayer et de faire comprendre à tous ses
intentions, veillant sur les moindres détails.*

Santo Sospir   *30 juin 1959*
Saint-Jean-Cap-Ferrat

Très très cher Jean-Marie

Il a fallu que j'attende la remise du Poisson d'or et la
messe de la Saint-Pierre — pour que je trouve le temps
de te lire. Je te parlerai de la pièce le 5 (mon anniversaire) il y a une sorte de langue des planches qui refuse
l'obscur et n'admet que les ombres. Veux-tu faire une
pièce à lire ou une pièce à jouer ? Je voudrais que tu me
le dises — car si tu penses à Théâtre-théâtre il est indispensable que ta haute tenue te trouve un style qui saute
la rampe. J'ai remercié publiquement Clergue dans mon
discours à Villefranche — vous auriez pu l'entendre à la
radio.

                                        Tendresses
                                        Jean

*Reproduction de la plus belle sardine pêchée dans le port
de Villefranche au cours de l'année, ce poisson d'or devait
d'autant plus toucher le poète qu'il ressuscitait une tradition du XIVe siècle : le jour de la Saint-Pierre une sardine
d'argent était en effet déposée au pied de la statue.*

Santo Sospir   *9 juillet 1959*
Saint-Jean-Cap-Ferrat

Mon Jean-Marie

Je ne sais pas quel élixir peut trouver ta ruche dans ces
fleurs artificielles. Le livre est une accumulation de postiches, de « caricatures », d'intellectualisme. Il n'y a
aucune auréole autour des mots. Lis les 2 Cornets à dés.
Tu verras le poète. Le maître du genre. Pardonne ma
franchise — mais on ne discute pas l'érotisme spirituel.
On bande ou on ne bande pas. Ma peau morale est indifférente à cette beauté-là.

                                            Je t'embrasse
                                                    Jean

*Après une discussion que je relate dans les dialogues, au
début de ce livre, j'avais déposé mon exemplaire de* Face
aux verrous, *le dernier recueil d'Henri Michaux, à l'hôtel
Jules-César comme preuve à l'appui. Cette lettre du poète
me peina. Elle me peinerait encore aujourd'hui si je
n'avais appris à quel point les grands formats de l'art
s'ignorent ou s'excluent. Je n'avais aucune beauté à perdre,
j'étais en quête d'une forme qui m'échappait. Ainsi dépour-
vu de vrais contours, mon mérite peut-être n'était pas
grand de conserver l'esprit large. Ne me comportais-je
pas alors comme le bernard-l'ermite qui cherche toujours
la coquille dans laquelle s'incruster, faute d'en pouvoir
sécréter une lui-même ?*

154

Santo Sospir   *11 juillet 1959*
Saint-Jean-Cap-Ferrat

Mon pur et charmant

Je ne te voudrais pas autre que tu n'es. Mais il existe
une foule de choses étrangères que j'aime m'entredire —
comme en voyage.
Après-demain j'entre dans la fournaise de Seine-et-Oise
pour achever ma petite chapelle des Simples.

Je t'embrasse et Claude

Jean

Cher Lucien

Je n'ai pas dit que c'était *mieux que Genet*. J'ai dit que
c'était moins caricatural et sortait davantage de la nuit
de l'âme. Mais quelle nuit profonde ! Et sur quelles lanternes peut-on compter ? Il est vrai que toute lanterne
est insuffisante pour vaincre notre nuit (la nuit des
poètes) — mais parfois la lune se lève — Voilà ce que
je redoute chez Jean-Marie. L'astre mort et le cache-cache
dramatique d'où l'on se sauve avec le truc de Dédale —
et le *soleil* fait fondre les ailes d'Icare.
Mais la peau de l'âme de Jean-Marie est délicate. Je ne
voudrais pas lui donner la moindre piqûre d'épingle.

Ton Jean

car je l'aime et j'aime Claude — la femme admirable
entre toutes — la « Samaritaine ».

Santo Sospir   *Samedi*
Saint-Jean-Cap-Ferrat

Ma très chère Claude

Excusez mon retard mais je voulais bien réfléchir avant
de vous répondre. Depuis quelque temps je m'inquiétais
d'une sorte de tunnel où Jean-Marie s'enfonce et qui
n'est pas l'obscur que je préconise. Il me paraissait se
repelotonner dans le ventre maternel avec dans l'œil
quelque chose d'ombrageux comme si n'importe quel
acte extérieur risquait de déranger ce confort prénatal.
D'autre part j'ai observé qu'il mangeait beaucoup (trop)
et ne pratiquait pas le jeûne indispensable à la transpa-
rence. Bref sa pelote s'embrouille à n'y pouvoir mettre
les mains, singulièrement dans sa pièce. J'en ai secrètement parlé à Clergue et ne voyez là qu'une preuve de ma
tendresse attentive. Je n'approuve pas l'emploi du psy-
chiatre qui risque de l'embrouiller davantage. Je conseil-
lerais une halte d'écriture, des bains de mer et des lectures
idiotes de la Série Noire ou du Fleuve Noir. *Une cure de
bêtise* et de grand air. Le reste ne peut que continuer le
mal et le changer de forme.
Pardonnez-moi ma franchise — mais c'est, il me semble,
le signe de l'amitié véritable.

                                    Je vous embrasse
                                    Jean

L'intellectualisme étant la pire des maladies.

157

Santo Sospir   *Mercredi*
Saint-Jean-Cap-Ferrat

Très cher Jean-Marie

1° Claude et Lucien, m'ayant demandé le secret par tendresse pour toi, ont commis une faute grave en te montrant des lettres de « docteur ».
2° Ce que tu prends pour de la sécheresse n'est autre que
la précision — que l'exactitude. Vertus indispensables à
l'exercice du sacerdoce des poètes.
3° Ne peut-on te toucher sans que tu pousses des cris ?
Alors que dirais-je ?
Aurai-je par mon amitié attentive dérangé ton confort ?
Crois-moi — l'amitié n'est pas chose si fragile. Et menacée
par le moindre souffle.
Le même jour que ta lettre, j'en reçois une de Claude qui
est à l'inverse.
Qui croire ?

                                        Je t'embrasse
                                            Jean

Santo Sospir   *12 août 1959*
Saint-Jean-Cap-Ferrat

Ma chère Claude

A la minute où je venais de parler tendrement de Jean-
Marie à la télévision je reçois de lui cette lettre. Il ne
faut pas demander le secret lorsqu'on montre ce qui en
résulte. En lui faisant de la peine vous m'en aurez fait
beaucoup.

Je vous embrasse

Jean

Santo Sospir
Saint-Jean-Cap-Ferrat

Mon très cher Jean-Marie

Il y a eu maldonne (et par ma faute et mes maladresses).
L'art et ses mystères n'étaient pas en jeu. J'étais comme
ces docteurs qui ne lisent pas et ne savent pas qu'ils
traitent une actrice célèbre. Je parlais de toi sous l'angle
médical (le nôtre) et je m'inquiétais de la minute où il
te faudrait soit dénouer un nœud trop complexe soit le
couper à l'Alexandre, ce qui, entre nous, n'est pas une
solution mais un gag de Prince. J'ai une peur terrible des
psychanalystes parce que « nous en sommes un autre »
et que c'est finalement toi qui soignerais ton médecin.
Mon reproche ne portait que sur les lettres qu'on se
montre après avoir demandé qu'on ne se les montre pas.
Le secret, même le plus naïf et le plus pur, est détestable
entre intimes.
Je t'aime et je t'embrasse et Claude.

                                                    Jean

(Au dos de la lettre :)
Si tu savais les nœuds successifs qu'il me faut dénouer
pour ce film tu comprendrais qu'il n'y a rien de « froid »
dans ce travail. Mais qu'il faut avoir les mains froides
pour servir le cœur chaud. Le recul m'a rendu aussi
incompréhensif vis-à-vis de moi-même que les critiques
et le public. Je suis tenté de changer tout — par la faute
du contrôle et de l'intelligence — notre pire ennemie.

160

Mes très Chéris

La besogne est lourde et légère — J'aime sentir Lucien
autour d'elle et de moi — c'est un peu de vous qui me
protège. Rassure-toi — le film sait se défendre et chaque
obstacle cache un service qu'il me rend.

Je vous embrasse

Jean

Ce matin j'ai tourné Iseult en mer. Le pauvre Lucien était
encore malade et m'a prouvé son courage.

Du 7 au 22 septembre 1959, Cocteau avait tourné Le Testament d'Orphée *aux Baux, à une vingtaine de kilomètres
d'Arles — ce qui nous le rendait très proche et inutiles
les lettres. Le 24 septembre commencent les prises de
vues au studio de la Victorine à Nice, à Santo Sospir et
à Villefranche. C'est sur le yacht de Francine Weisweiller,
l'Orphée II, que le poète aperçoit Iseult au large. « Elle
est sur tous les bateaux du monde. Elle cherche à rejoindre Tristan. »*
*Lucien Clergue accomplissait un reportage photographi-
que en marge du film.*

Mon très cher Jean-Marie

Enfin un dimanche où je peux répondre à tes lettres. J'arrive de la Côte où je retournais hier matin un seul plan (que je n'aimais pas) à La Turbie et un autre plan avec des yeux peints — c'est-à-dire aveugle dans un froid mortel — à la Victorine de Nice. Mais comment se plaindre après Fréjus — où des survivants rôdent dans un décor méconnaissable en murmurant des paroles douces et sans suite ? (Une dame qui n'a plus rien disait : venez voir tout cela chez moi ma télévision est excellente.)
Si j'avais à les imiter sur les ruines des minutes que mon film m'a fait vivre — je dirais : « Je viens de tourner un film unique au monde. Mais on n'y cherchera que ces fautes que j'approuve, sachant qu'il se plaisait à les faire pour les sanctifier et les rendre nobles. C'est de cet assemblage de fautes que lui viennent relief, force et grâce. J'ai besogné avec mon cœur à lui rendre le service d'être et je m'en félicite, bien que je sache qu'il ne m'attirera qu'ennuis. »

Mes très chers J.-M. et Claude

Je monte, *je « colmate » des poches*, je bruite, je groupe, j'orchestre et si je n'avais pas des oreilles et des yeux comme les vôtres, je me demande si j'en aurais la force.

Jean

Alors que Cocteau achevait son film, la rupture d'un barrage devait dévaster la ville de Fréjus.

Suvretta House   *26 février 1960*
Saint-Moritz

Cher Jean-Marie

Je savais que pour aller vers ton cœur mon film emprunte-
rait le tapis rouge et royal que tu déroules jusqu'à ceux
que tu aimes. J'en étais si sûr que je m'inquiétais de ton
silence, ne l'attribuant pas à un échec mais à quelque
fatigue — et c'est pourquoi je m'étais permis de l'écrire
à Clergue. A Saint-Moritz le temps s'embrouille. Il neige.
Il vente. Le soleil paraît et disparaît. Le föhn coupe les
jambes, etc.
J'aimerais avoir l'âme rocheuse de Michelet écrivant son
Histoire de France dans une tour de Bretagne au milieu
des tempêtes. Il ne croyait qu'à son élément intérieur.
Malheureusement je m'accorde et me désaccorde comme
un vieux piano — selon les températures.
Vive notre soleil de la côte. Je t'embrasse et Claude.

Jean

Mon cher Jean-Marie

Ce texte sur Clergue m'apparaît comme un de tes meil-
leurs et d'un équilibre extraordinaire entre ce que tu
penses et ce que Clergue se propose de communiquer au
public. Plus je vais plus j'admire votre attelage et plus
je reste convaincu de l'erreur des villes atteintes de
gigantisme et de danse de Saint-Guy. Ton texte est un
portrait d'Arles autant que de toi, de Claude, de Lucien
et de moi-même.

Je t'embrasse

Jean

Excuse-moi d'être si bref. J'ai fait hier une chute absurde
et je suis courbaturé, roué de coups, avec l'arcade sour-
cilière ouverte. Il en résulte quelque vague.

Santo Sospir   *11 avril 1960*
Saint-Jean-Cap-Ferrat

Mon très cher Jean-Marie

Lorsqu'un mécanisme humain en « envisage » un autre —
il est normal qu'il s'étonne, qu'il craigne et qu'il s'accoutume ensuite. Ma vie entière ayant été faite de ces luttes
amoureuses, il m'est difficile de comprendre que tu puisses, sans cesse, revenir sur des inquiétudes qui prouvent
ma tendresse et que j'écrivais à Claude et à Lucien, les
considérant comme des parties profondes de toi-même.
Je n'écrirai plus jamais l'ombre d'une critique tendre
lorsque tu me demanderas de le faire. Je te « parlerai »
— car les lettres ont quelque chose de définitif qui me
semble ridicule dans un monde sentimental anti-intellectuel où les lumières et les ombres changent continuellement de place.

De tout cœur auprès de toi et de Claude

Jean

11 avril 1960

Ma chère Claude

Je viens d'apprendre que tu sortais de l'appendicite. La mienne était un mensonge pour ne pas aller à l'Ecole — Ensuite j'étais bien heureux de n'avoir plus cet organe mystérieux dont quelques spécialistes croient qu'il était jadis celui de la « direction ». Je viens de recevoir une lettre de Jean-Marie où il me cite des phrases que je t'avais écrites ainsi qu'à Lucien. Je suis consterné qu'il accorde à ces phrases une importance autre que celle d'une tendresse attentive et qu'il y cherche davantage qu'un signe du cœur. Je suis tellement habitué à ce qu'on me critique et j'ai une si vive tendance à croire ce qu'on me reproche que je n'hésite jamais à mettre qui j'aime en garde contre un danger même fictif. En outre, par délicatesse et connaissant l'importance que Jean-Marie attache au moindre mot, en quoi je l'approuve, je confiais mes craintes à deux êtres qui risquaient de les lui signaler mieux que moi. Ce qui ne veut pas dire que j'avais raison — mais que si je me trompais c'est en donnant une preuve de l'extrême intérêt que je porte aux mécanismes secrets de Jean-Marie.
Aujourd'hui, les enfants après un reproche ou un conseil « tuent leur père ou se noient dans la rivière » mais notre Jean-Marie n'est pas un enfant, bien qu'il conserve en lui pas mal d'enfance comme toute âme haute et bien faite. Je serais triste qu'il puisse croire que je lui fais obstacle et qu'il doive écrire « contre moi ». Jean-Marie sait bien que tout homme habitué profondément à ses mécanismes peut se trouver maladroit et myope au premier contact avec les mécanismes d'un autre — chacun de nous possédant son degré de cuisson pour obtenir du diamant noir. Embrasse-le bien fort de ma part et tâche de le convaincre de l'amitié sans ombre que je lui porte.

Ton Jean

La mort de Chicuelo est bien atroce — Comme le dit Jacqueline : on lui a volé sa mort. Il venait d'envoyer un de ses costumes à Picasso.

Grand ami de Picasso et véritable trompe-la-mort, le matador Chicuelo II ne devait pas mourir sous la corne mais au cours d'un accident d'avion alors qu'il se rendait aux Amériques pour y toréer.

Encore une fois un petit miracle nous environne d'une espèce de certitude — à peine t'avais-je expédié les quelques lignes-oiseau que ta lettre me raconte la métamorphose de roseaux en hirondelles. Ton manuscrit est lourd et léger, compact et aéré — plein de grandeur familière et de chocs délicieux. C'est sensuel et austère — les gifles alternent avec les caresses et le bras de la phrase autour du cou. Je t'en parlerai davantage — mais le vitrail de Metz et les préparatifs de l'aigle et de Clèves m'empêchent d'écrire longuement.

Je t'embrasse et Claude

Jean

A cinquante ans, le peintre arlésien Jacques Hauer devint l'un des nôtres. A chacun de ses passages à Arles Cocteau allait le voir, l'encourageait, le poussait, signait les préfaces de ses expositions. Les marais bleus d'Hauer avaient un lointain inouï et des profondeurs de vitraux. Comme il se souvenait d'avoir utilisé, enfant, des roseaux pour « fabriquer des hirondelles », nous le vîmes un jour tresser sa toile, en nouer et dénouer les lignes, les natter ensemble et au terme de cette autre vannerie ses feuilles de roseaux frémirent de parcours en puissance, devinrent bel et bien ailes d'hirondelles. « Hirondelles du soir sont les pieds du cycliste » et « Hirondelles, oiseaux attachés aux pédales ». Je murmurais ces vers au poète lorsque nous apprîmes de la bouche d'Hauer qu'il avait concouru à l'époque héroïque de la petite reine dans diverses épreuves cyclistes régionales.
Jean Cocteau prépare la reprise de L'Aigle à deux têtes *pour le théâtre Sarah-Bernhardt et met la dernière main au scénario de* La Princesse de Clèves *écrit pour Jean Delannoy après* L'Eternel Retour *en 1943.*

Mon très cher Jean-Marie

Tu as raison de t'adresser à Ionesco — car ma puissance est d'ordre idéologique et mon style d'obstacle joue aussi pour les autres que j'aimerais pousser plus vite que moi.
Je répète *L'Aigle à deux têtes* avec Edwige et une nouvelle troupe vivante et charmante — mais ce travail me prive de toutes les joies du cœur.

Je t'embrasse et Claude

Jean

Je te sens sur tes rails et sans la crainte de cet œil bleu des tunnels qui nous nargue.

J'avais rencontré pour la première fois Eugène Ionesco dans un café du Rond-Point des Champs-Elysées, un matin ensoleillé de Paris. Clergue, exposant dans le foyer du théâtre de l'Odéon au moment de la création de Rhinocéros, s'était empressé de me prendre un rendez-vous avec l'auteur.

Mon très cher Jean-Marie

Je ne connais pas cet éditeur mais c'est à toi de le faire
connaître. Jadis (Epoque Héroïque) nous ne savions rien
de la « Sirène » sauf qu'elle nous offrait une chance. Ton
texte doit vivre par l'imprimerie et changer d'encre. Ces
encres différentes resteront ton sang.

Je t'embrasse

Jean

Arles   *3 juillet 1960*

Jean-Marie

Peu t'importe désormais tel ou tel jugement porté sur
ton ouvrage — car il me semble devenu indiscutable en
ce sens qu'on ne discute pas un minerai par exemple ou
une écorce et que ton style (sauf peut-être dans quelques
indications de marge) est de cet ordre, parfaitement
étranger à celui des autres et bien à toi, enfermé dans la
solitude extrême de l'incomparable et digne de la fameuse
insulte des masses : *Cela ne ressemble à rien.*

                                                    Jean

Saint-Jean-Cap-Ferrat   *6 juillet 1960*
A.M.

Mon cher Jean-Marie

Je ne crois pas avoir jamais fait une préface de cette
importance et comme je sais de quel œil tu inspectes la
moindre virgule — je te l'offre de tout mon cœur sans
craindre de te sentir déçu.

A toi et Claude avec tendresse

Jean

Préface

Jean-Marie Magnan s'apparente à cette famille d'écrivains qui, au lieu de viser la réussite, n'accepte que celle consistant à réussir son œuvre, et décide d'en être le seul juge.

Nul n'a moins souhaité mettre sa nuit en pleine lumière, sinon en cette lumière obscure qui ouvre les portes à distance et semble venir du soleil noir que Dürer nous montre par la fenêtre de sa lourde Mélancolie.

Cependant, Magnan n'éprouve aucune mélancolie de la solitude. Il la veut et s'y cloître, sachant que les fleurs ne sont pas faites pour les vases et que dans l'œuvre d'art ce n'est pas le résultat qui compte mais bien qu'elle existe et sorte de la fouille sans être amputée par les coups de pioche de l'archéologue.

J'ai souvent écrit que la poésie était « une religion sans espoir », « un exhibitionnisme qui s'exerce chez les aveugles ». Magnan pourrait prendre mes paroles à son compte et, en outre, la phrase de Wilhelm Meister : « Je t'aime, est-ce que cela te regarde ? », laquelle traduite dans la langue des lettres deviendrait : « J'imprime. Je vais à toi. Qu'y puis-je, si tu refuses de me lire. »

Jean-Marie Magnan habite Arles. Il y exerce avec son ami Clergue, poète photographe, la profession artisanale du beau. Tous deux expriment à leur manière la douce noblesse d'une ville où Frédéric Mistral dirige, sous les platanes, un orchestre d'oiseaux, l'un et les autres parlant un langage inaccessible aux oreilles humaines et au grand nombre.

Rien hélas ne protège du ronflement de l'ogre parisien et de son terrible appétit de chair fraîche (jeunes artistes qui connaissent la gloire d'un jour sur la couverture des magazines), comme de lui dérober ses bottes de sept lieues, de prendre la fuite et de vivre le plus loin possible de sa sieste.

Jean-Marie, assisté de sa femme Claude qui se consacre à son œuvre, et Lucien Clergue qui transcende la chambre noire, voilà des hommes que j'aime, que je respecte, et l'amitié qu'ils me portent est une perle noire de ma couronne.

Le texte que vous allez lire s'intitule *Non-Lieu*. Il illustre cette entreprise d'une descente aux Enfers qui sont en nous, sans même être accompagnés de Virgile c'est-à-dire d'un guide comprenant cette langue étrangère que Rilke estimait être commune à tous les poètes quelle que soit leur patrie. Non, notre Arlésien exige d'être seul pour sa tentative spéléologique. A peine s'il se harnache d'une lanterne sourde et de quoi remonter à la surface. A peine s'il espère communiquer du fond avec le dehors. Il importe donc d'envisager ce *Non-Lieu* comme un parfait exemple de désintéressement et de cette ascèse de la poésie poussant jusqu'à l'extrême la certitude d'être soumise à quelque nécessité supérieure aux impératifs de la raison.

Mais, me direz-vous, pourquoi publier ? Pourquoi pas, pareil à l'opiomane, ne pas chercher à devenir une œuvre abstraite au lieu d'en faire choir la météorite de quelque ciel intérieur ?

C'est, sans doute, à cause de cet émouvant espoir d'une rencontre avec un indigène sur notre île déserte ou par la douteuse espérance d'une époque où quelques rares mandarins se chuchoteront des secrets singuliers à l'oreille au milieu d'un vacarme pluriel, dans un monde victime d'une dépersonnalisation définitive.

Bref, il est possible que ce texte ésotérique témoigne, malgré tout, d'une vieille angoisse de rester seul qui nous fasse crier comme le marchand de *La Belle et la Bête* « Il y a quelqu'un ? », sans grand espoir d'une réponse, ou agiter notre chemise vers l'indifférence des navires qui passent au large, ou, plus simplement, à cause de ce besoin ancestral de *faire part* qui alterne avec la paresse

174

de l'*aquoibonisme,* dans toutes les âmes bien faites. Peut-être, à l'exemple de n'importe quel poème véritable attend-il son Champollion, roulé dans quelque sarcophage...

Au reste, laissons parler Jean-Marie Magnan. Voici la lettre qu'il m'écrivait à l'hôtel Jules-César en Arles, la veille de mon anniversaire, le 4 juillet 1960, après une de ces corridas décevantes où les bêtes semblent quitter le toril à contrecœur et deviner le genre de noces à quoi le matador les invite.

Jean Cocteau

Hôtel Los Cisnes   *31 juillet*
Jerez de la frontera

Saint Ignace de Loyola

De nos chambres je vous envoie mille et mille tendresses
espagnoles et andalouses. Nous passons de fête en fête,
de discours en discours, de poèmes en poèmes, de caves
en caves, de flamencos en flamencos, de corridas en corridas. Tout à l'heure (ce soir) c'est la grande corrida de
l'année. Je vous y emmène et Lucien.
Je compte rentrer après avoir vu Cordoue.
Et je vous embrasse

                                                    Olé Jean

Santo Sospir   *11 août 1960*
Saint-Jean-Cap-Ferrat

Mes très chéris

J'étais bien triste d'apprendre que j'entendais huer Luis
Miguel pendant que triomphait son beau-frère. Impossible
de comprendre cette pente vers la catastrophe où se
laisse glisser Luis Miguel et qu'il pourrait redresser s'il
le voulait comme le prouve le triomphe qu'il remporta
en fin de course à Malaga — avec sa bête offerte.
Hier matin la remise de mon diplôme de citoyen d'honneur de Saint-Jean était une très très jolie fête où j'aurais
aimé vous voir.

                                        Mille tendresses
                                                Jean

Dites à Clergue que je lui envoie sa carte.

*Cet été-là fut, tauromachiquement parlant, celui de la
rivalité des deux toreros les plus fameux des années 50.
Rivalité qui devait inspirer à Ernest Hemingway son* Dangereux été. *Jean Cocteau avait dédié sa* Corrida du Premier Mai *à Luis-Miguel Dominguin et ne devait pas tarder
à bien connaître Antonio Ordoñez. L'affrontement entre
les deux beaux-frères tourna à l'avantage du plus jeune
et Ordoñez s'imposa comme le plus grand artiste des
temps modernes. Marié à l'actrice italienne Lucia Bose,
Luis-Miguel assistait à la mort du poète dans* Le Testament d'Orphée, *d'une drôle de loge nichée dans les carrières des Baux et faite de décombres et de fils de fer
barbelés. Il y avait pris place en compagnie de son épouse,
de Picasso et de Jacqueline au beau visage étrusque.*

177

Mon très cher Jean-Marie

Je regrette bien le spectacle Ordoñez. Par contre Luis
Miguel se faisait huer dans toute l'Espagne et je te jure
que c'était pénible — car il y a chez lui comme une
volonté de chute et de désastre. J'en trouve la preuve
dans le taureau offert à Malaga et devant lequel il avait
retourné le public, transformé une catastrophe en triomphe. Il allègue la médiocrité des bêtes, le vent, la pous-
sière, que sais-je ?
En vérité je crois qu'il n'est plus fiancé avec la mort, mais
bon mari d'une jeune femme qui déteste les courses.

Je t'embrasse

Jean

(Au dos de la lettre :)
Je t'expliquerai (ou plutôt je te raconterai) le phénomène
par lequel mon poème — *Cérémonial espagnol du Phénix*
— se faisait pendant la corrida sans avoir le moindre
rapport avec elle. Sauf sans doute un rapport interne de
rythmes.

Mes très chers amis

Peu m'importe l'histoire Paulhan. Serais-tu seul à savoir quel poète je suis *que je m'estimerais heureux et fier.*
Nous travaillons à de hautes solitudes inexplicables et ce n'est pas Breton Soupault Paulhan ou Ponge qui peuvent nous y rejoindre. Je lutte jour et nuit avec moi-même sur un bûcher espagnol *Cérémonial espagnol du Phénix.* C'est un poème un peu plus dénoué que les *Paraprosodies* et que les *Hommages.*
Je m'acharne à vaincre mes faiblesses au Cap-d'Ail sur l'énorme piste de travail en plein air que je dois couvrir avec une mosaïque.

Je vous embrasse tous les deux

Jean

Jules Supervielle avait succédé quelques semaines auparavant à Paul Fort, détenteur du titre depuis 1913, comme Prince des Poètes. A la mort de Supervielle, Cocteau reçut le titre à son tour, lors de la foire de Forges-les-Eaux. André Breton, soutenu par Jean Paulhan, contesta la validité de l'élection. Le Figaro littéraire organisa un référendum. Saint-John Perse, élu, déclara dans la presse qu'il n'avait pas vocation pour accepter ce titre. Plus magnifique que jamais, Aragon consacra la première page des Lettres françaises *du 20 octobre 1960 à mettre un point final à l'affaire. « Et donc, tenant ma voix pour l'équivalent de cette meute plus un poète, je ne dis point ici que je vote pour Jean Cocteau. Non, je me contente de le sacrer d'autorité Prince des Poètes, puisque Prince des Poètes, ô grenouilles, vous avez voulu qu'il y ait. Et ceci ne peut être contesté. »*

Santo Sospir   *15 septembre 1960*
Saint-Jean-Cap-Ferrat

Mon très chéri

Bien sûr que c'est la nymphe Echo davantage que Nar-
cisse qui influence ce jeune poète. Je ne voulais pas te
fatiguer d'un fâcheux, mais je n'ai confiance que dans ta
rectitude.
Heureux que Barrault s'éveille. As-tu bien retenu les 5
places et l'hôtel (avec très bonne chambre de chauffeur
— je déteste « les chambres des coursiers »).

                                        Je t'embrasse

                                             Jean

Viens me chercher à l'hôtel à midi et demi.

*D'autres jeunes Arlésiens écrivaient à Cocteau ou allaient
le trouver. Il les accueillait, leur répondait et nous les
renvoyait. Ainsi se formait, autour de Clergue, ce qu'il
nommait sa petite famille d'Arles.*

Mon très cher Jean-Marie

Voilà par où Clergue s'éloigne de toi et de la dignité d'être
notre ami. Avec une belle phrase où l'on m'arrache de ses
bras (*sic*) il accepte la honte de rééditer le livre d'Eluard
en supprimant mon poème. Obéiras-tu à ces salopards ?
Jamais. Qu'il prenne garde à conserver la ligne. Francine
à qui j'ai montré sa lettre voulait même ne plus le saluer.
Qu'il choisisse.

Je t'embrasse

Jean

Le poème de Jean Cocteau, paru en frontispice de Corps
mémorable, *fut retiré de la nouvelle édition à la demande
de la famille de Paul Eluard. Quand on sait combien Cocteau a pu souffrir de sa longue discorde avec les sur-
réalistes et le bonheur qu'il éprouva de sa réconciliation
avec la plupart d'entre eux, d'Aragon à Eluard sans oublier
Desnos, il était aisé de prévoir sa réaction. Une période
cruelle, douloureuse, rouvrait sa plaie toujours vive et
rappelait au poète anxieux, de nouveau désaccordé, ce
qu'il avait vécu non comme un règlement de compte mais
comme un crime passionnel commis sur sa personne par
des frères ennemis.*

Mon très cher Jean-Marie

Tes deux lettres ont dû se croiser avec celle où je trouvais la conduite de Clergue étrange — où je te conseillais de surveiller sa ligne morale trop éprise de succès. Ta dernière lettre est admirable de clairvoyance et de cœur. Justement elle tombe au milieu de cette terrible besogne qui consiste à rendre au verbe cette fraîcheur perdue par excès d'usage. Je n'y arrive pas toujours et je tremble de glisser sur le rail mallarméen ou vers le passe-passe Valéry. Signifier sans signifier. Offrir aux vocables une chance de signifier en dehors de nous — voilà un exercice de haute solitude. Plus je vais, plus j'admire ta réserve et ta marche à pied sans l'ombre d'auto-stop.

Excuse-moi de répondre si court — mais outre que je ne sais pas écrire de lettres longues, j'éprouve encore la suite de cet empoisonnement. Le retour de chez Buffet était atroce.

Je t'embrasse et Claude

Jean

Le grand poème s'intitule : *Cérémonial espagnol du Phénix* — l'autre : *La Partie d'Echecs*. (Je le termine.)
Menace : préférer la réussite à son âme — (je ne peux le cacher à Jacqueline et à Picasso).

Toi seul as raison, comme toujours et parce que tu ne juges pas assis et le nez contre les pièces du procès. Breton « rêve de poésie » c'est un beau rêve — mais au réveil il a oublié le climat du rêve et tombe dans les colères de Saint-Just — dont les poèmes sont lamentables — mais la haine lui tient lieu de poésie. Au milieu de toute cette haine je ressemble à un élève de laboratoire, l'œil collé à un microscope — quel spectacle épouvantable ! mais il *est*.

Je t'embrasse

Jean

La parité s'intègre dans le poème : *La Partie d'Echecs*.

J'avais écrit à Jean Cocteau que tout poète devait être prince en son royaume et que le titre de Prince des Poètes me paraissait pléonastique. Puisque prince on l'avait consacré, André Breton ne pouvait qu'être le Fouquier-Tinville, l'accusateur public de ce tribunal où il comparaissait.

« La parité, c'est-à-dire la liberté de l'image dans un miroir où elle change de côté... Cette parité, ces problèmes sont à l'origine des recherches qui pourraient changer tout en ce monde sur la dégravitation. » (Entretien avec Pierre Chanel, 1960.) Dans sa préface à un Jean Cocteau en verve, *paru en 1973, Chanel commente avec bonheur son entretien avec le poète : « Dans les deux* Orphée, *la pièce et le film, dans* Le Sang d'un poète, *la traversée du miroir par le héros est le signe de cet attrait de Cocteau pour l'envers des apparences. Le miroir de sa poésie renverse le concept en paradoxe et dédouble les vocables en poussant le jeu de mots de la rime jusqu'au*

calembour. Dès les années 20, en même temps que Max Jacob et Marcel Duchamp, Cocteau le réhabilite en montrant la vérité insolite des reflets homophoniques. Son goût du paradoxe prouve sa complète indépendance à l'endroit des idées reçues. La verve paradoxale opère une remise en perspective du concept. Son renversement par l'emploi de l'antonyme introduit le doute quant à son bien-fondé. Une vérité supérieure surgit de la réflexion. Cette réflexion au sens de retournement n'est pas seulement révolutionnaire étymologiquement. Elle l'est aussi, chez Cocteau, au niveau de l'éthique. Très tôt, il s'est construit une morale personnelle à laquelle il n'a cessé ensuite de se conformer. » (Pierre Horay éditeur.)

10 octobre 1960

Je serai le 19 à Varsovie et je rentrerai le 25.
J'arrive de Suède.

Mon très cher Jean-Marie

Je vais essayer de t'écrire malgré la radio de Doudou
qui m'apporte le mot « ambiance » toutes les trois secon-
des et la vertigineuse connerie contemporaine.
J'en arrive à croire qu'il est admirable d'être obligé de
descendre à des profondeurs dangereuses ou de monter à
des altitudes du même ordre pour trouver la solitude
qu'on goûtait jadis de plain-pied sans crainte qu'on ne
vous insulte. Je viens d'achever (si tant est qu'on achève
quoi que ce soit) mes deux poèmes *Cérémonial espagnol
du Phénix* et *La Partie d'Echecs*.
Je publierai le deuxième dans *Les Lettres françaises*, le
premier dans la *N.R.F.* à cause de cette méthode que je
préconise d'une indifférence parfaite aux intrigues de l'actualité, ne m'attachant qu'à la revue telle que je l'imagine
au lieu de la mépriser telle qu'elle est. Ces deux poèmes
n'auront peut-être que toi et Claude pour Public. Car ne
relevant ni du symbole, ni de la musique, ni de rien de
connu ou de reconnaissable, il faudrait afin de s'y bai-
gner ta noblesse et ton sens de la signification dans le
sens grammatical du terme.
De plus en plus seul, voilà mon sort. Seul au milieu d'une
tornade absurde et honteuse dont on essaie de me rendre responsable, alors que je n'en suis que l'épicentre
vierge.
Voilà mon très cher Jean-Marie cette solitude où je goûte
syllabe par syllabe les lignes que tu m'envoies.
Le *Cher menteur* vient de remporter un incroyable
triomphe, où les journalistes peuvent se laver à bon
compte (puisque je ne suis que l'adaptateur) de la boue
répandue sur *L'Aigle*.

Je t'embrasse et notre Claude

Jean

sans oublier Lucien.

Après la reprise de L'Aigle à deux têtes *le 3 septembre sera créé le 3 octobre au théâtre de l'Athénée* Cher menteur, *adaptation de la pièce de Jérôme Kilty,* Dear Liar, *d'après les lettres de George Bernard Shaw et Mrs. Patrick Campbell.*

Milly   *18 décembre 1960*

Mes très chéris

Je reconnais qu'il est difficile de sortir de ce que Genet appelait « son catafalque ». Il sort de là plus canonné que canonisé. Pensez à moi autour de l'arbre de Noël où j'accroche les derniers cheveux d'ange disponibles. Je vous aime et je ferai la préface du « bec Hauer des hirondelles ». Paris me fatigue et ne m'apporte plus rien.

Tendresses

Jean

Je serai demain soir au Cap.

Ecrivant sur Jean Genet, je lisais le Saint Genet comédien et martyr *de Sartre, crayon en main et prenant des notes.*

Mon cher Jean-Marie

Je te suis bien reconnaissant de m'avoir envoyé ton *Clergue*, car mon calme est au prix de ne jamais lire des revues ni la presse et brusquement un texte inhabituel et parfaitement étranger à ce fleuve de paperasses prend à mes yeux une force extraordinaire. Il est comme encadré de vide.
Oui, ce Clergue est admirable de signification profonde et d'anti-littérature. Tu as raison de parler dans ta dédicace de ces visages qui se mélangent. Sans cesse ma solitude se console d'être mélangée aux vôtres.

Je t'embrasse et Claude

Jean

Tu as photographié le photographe avec, sur la tête, le voile noir de la mère.
Le Cérémonial paraîtra dans le N° de février car Saint-John Perse encombrait de son absence tout le N° de janvier. La *N.R.F.* l'annonce au dos de ses N°ˢ. Il fallait aussi que la revue coïncidât avec la plaquette Gallimard.

Santo Sospir   *22 décembre 1960*

Mon très cher Jean-Marie

J'étais si attentif à ton texte sur Clergue que j'ai complètement oublié ta gentillesse à propos du *Cérémonial* et l'intérêt que tu lui portes.

J'attache en effet une importance à ce poème d'autant plus grande que l'époque rend l'événement (dans le sens où l'entendait Apollinaire) invisible et qu'il s'y ajoute cette mode qui consiste à ne pas me payer ce qui m'est dû. Or tu connais ma discipline. Elle m'oblige à l'attitude du *Comme si* c'est-à-dire de ne compter sur rien d'autre que sur ce que j'estime être important ou sans importance. Hélas je n'accorde aucune importance à la plupart des choses que l'époque porte aux nues et même je ne peux me réjouir du succès de Genet qu'on Claudelise et dont on semble vouloir ignorer l'œuvre au seul bénéfice d'une pièce qui est loin de valoir *Les Bonnes*.

Le Cérémonial est une vaste construction soumise aux lois rigoureuses du rythme alexandrin (jusqu'à respecter les pluriels et les singuliers à la rime) et cette rigueur de cadre à d'autres fins qu'on ne l'emploie d'habitude. C'est en quelque sorte la table verte sur laquelle les dés roulent — car la main qui les verse les verse de telle sorte qu'elle dirige le hasard et le contrôle. Il en résulte un bloc où le hasard et le contrôle s'épousent et paraissent mettre au monde un organisme libre, capable de me servir ou de se retourner contre moi.

J'y ai glissé quelques souvenirs qui font le bruit des dés qu'on secoue dans le cornet de cuir avant de les jeter aux pieds de la muse ou déesse d'un désordre qui n'est autre que l'ordre secret des Dieux. Et voilà ce que je ne raconterai à personne.

                                        Jean

189

Ils ont coupé les vers de *Rodogune* à tort et à travers, rimes masculines et féminines se suivent et comme je m'en plaignais à Edwige, Quentin m'a dit : « Oh, il n'y a guère que vous qui vous vous en apercevrez »... (*sic*) le triste c'est que c'est vrai.

Pol Quentin avait adopté pour le cycle d'Edwige Feuillère au théâtre Sarah-Bernhardt : Constance *de Somerset Maugham. Outre* L'Aigle à deux têtes, *le cycle comprenait aussi* Rodogune.

Santo Sospir   *1960-1961*
Saint-Jean-Cap-Ferrat

As-tu ma lettre sur le *Cérémonial* ?

Mon très cher Jean-Marie

Ton **P.S.** est très beau mais dans ma théorie de droite à
gauche et de gauche à droite — je parle de l'art révolutionnaire devenu classique.
Je marche à contre-vague de cela il ne faudrait pas prêter
à confusion.

                                              Je t'embrasse
                                                    Jean

Dès l'époque du Rappel à l'ordre, *un des derniers textes
du livre veut que cet ordre soit considéré comme une
anarchie. Mais à tant de déclarations de Jean Cocteau
sur droite et gauche littéraires — « L'art révolutionnaire
est devenu l'art officiel », « Le conformisme anticonfor-
miste est à la mode », « Toutes les droites se recomman-
dent de gauche » —, à ce souci constant de se situer par
rapport à une politique de l'art, j'avouais préférer le
poème* No man's land *du Musée secret, d'Opéra où droite
ni gauche ne s'y reconnaissent plus, ont perdu le sens
de leur position respective. Des mains d'oiseau devaient
démêler ce piège tendu par le caprice d'une abstraction,
première victime de sa légèreté.*

5 janvier 1961

Très cher Jean-Marie

L'article est une sorte de miracle puisqu'il compose un équilibre avec celui d'Aimé Michel dans *Arts*. Aimé Michel évite la poésie où il estime n'être pas juge et ton article forme l'autre colonne du temple de l'amitié. Je suis consterné que tes lettres ne me signalent pas la longue missive où je t'explique la naissance et les mécanismes du *Cérémonial*. J'ai commis l'imprudence, outre mon nom, d'ajouter un P.S. au dos de l'enveloppe — et ce genre d'autographe tente, paraît-il, les demoiselles de la poste. (Je viens d'avoir une aventure analogue avec Jouhandeau.) Ils ont rendu la lettre. *Réclame.* Sinon je ferai mon deuil de ma seule lettre longue et je tâcherai de te reprendre le thème en détail.

> Je t'embrasse et Claude avec ma tendre
> et haute gratitude.
> *Le texte est merveilleux.*

Jean

Je venais d'envoyer au poète ma contribution au numéro d'hommages de la revue Points et Contrepoints : « *L'état mixte* ».
Aimé Michel faisait partie de ces jeunes scientifiques non conformistes qui saluaient en Cocteau un explorateur de l'esprit. Jalousé et suspecté par le milieu des lettres, le poète devait trouver un accueil chaleureux auprès des hommes de science, des parapsychologues et paraphysiciens, et aussi parmi les cinéastes de la nouvelle vague. Des contacts ne cessaient de s'établir qui le tiraient de la solitude morale où les gens de lettres l'auraient volontiers confiné.
Aimé Michel, auteur de Montagnes héroïques *et de* Lueurs sur les soucoupes volantes, *partageait les préoccupations*

parapsychologiques ou ésotériques de Cocteau, ainsi que Robert Amadou, René Bertrand, Jean-René Legrand, Denis Saurat.

Dans l'article d'Arts, Aimé Michel admettait que l'œuvre de Cocteau offrait à la psychologie expérimentale des voies de réflexion qui pouvaient préparer les futures expériences sur l'extra-humain, ou plutôt sur l'humain non encore conquis par l'homme : les quatre-vingt-dix pour cent de l'espace intérieur non encore utilisés et qui sont la jachère de l'avenir. Cocteau empruntait des raccourcis mentaux pour les parcourir. Le même Aimé Michel devait être à l'origine d'une rencontre du poète avec des hommes de science, d'abord autour d'une table, puis dans un laboratoire, dont le résultat fut la publication par la revue Le Monde et la Vie de surprenantes Notes autour d'une anamorphose en avril 1961.

Mon très cher Jean-Marie

Ta dernière lettre est si belle que je la préférerai à tous les autres P.S. pour joindre à ton article (étude). Je t'en remercie, et te voir pénétrer si loin et si tendrement au fond de mes ténèbres *me touche plus que je ne peux te le dire.*
J'ai déjà fait l'ébauche de ma note sur notre peintre — sois tranquille et rassure-le.

> **Je t'aime et je charge Claude**
> **De t'embrasser à ma place**
> Jean

Cher Jean-Marie

Accepte un peu de mon silence comme j'acceptais beaucoup du tien pendant tes lectures de Sartre. Je suis dans un travail très dur et comme chez Picasso le jeune homme en moi *éreinte le vieillard et le tue.* Je n'arrive même pas à plonger dans les marécages du *Requiem,* à force de choses qu'il me faudrait lire et préfacer à droite et à gauche. Picasso lui-même épuisé s'enferme et s'est mis en quarantaine. Jacqueline me téléphone qu'il était au bord de la catastrophe. Je serai à Paris le 15. Si je peux lire le poème avant je le lirai. Seulement le seul aspect de sa ligne générale me fait craindre un de ces mécanismes où je suis très mauvais juge. Je ne suis d'ailleurs jamais juge de quoi que ce soit.

Je t'embrasse et Claude

Jean

Très cher Jean-Marie

« Le sang du Minotaure » — j'ai envie de dire ce que disait Radiguet d'Anna de Noailles : « Quel dommage de gâcher du génie ! » Mais ce serait inexact et stupide puisque notre poète ne gâche rien et, au contraire, se dirige en boitant bas, et comme il peut, à travers des pièges. Il lui faudrait étudier le mécanisme d'un poème et ses mélanges chimiques et ses algèbres profondes — *car il est au bord de ne pas se perdre sur les routes qui ne mènent nulle part.* Qu'il se guérisse aussi d'une certaine « *pompe* » — Ne lui répète pas ce que je te murmure à l'oreille, car la jeunesse est à vif. La moindre critique lui fait du mal. Et ma fois je l'embrasse (ton poète) fraternellement et paternellement.

Jean

(Au dos de la lettre :)
Puis-je garder cette dactylographie ?

Autour de Clergue, un groupe se formait que Cocteau, les deux dernières années de sa vie, allait aider, soutenir par tous les moyens. Une grande occasion s'offrait qu'il importait seulement d'avoir la force et l'imagination de saisir. Je reconnaissais son style d'encouragement et de mise en garde mais adapté à chaque cas particulier, appliqué à l'intéressé, le concernant. Il les éclairait par son exemple et s'éclairait en retour par le biais de leur tentative. Mais que de précaution dans son adorable besoin d'être aimé et de crainte de blesser. « On ferme les yeux des morts avec douceur ; c'est aussi avec douceur qu'il faut ouvrir les yeux des vivants. » A cet aphorisme de ses débuts je l'ai toujours vu se tenir. Ainsi nouait-il de

solides liens avec de tout jeunes poètes, de Serge Dieudonné à Francis Coulon ! Il leur enseignerait à se disci-
pliner, à gouverner la chance, à contrôler cette vivacité
de profondeur qu'il plaçait si haut et qu'il s'employait à
réveiller en chacun de ceux qu'il approchait pour le vivi-
fier.

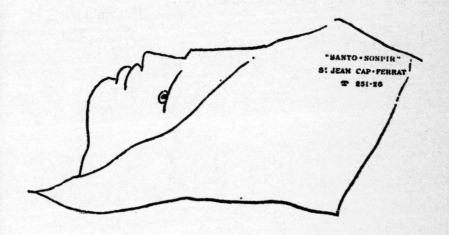

Très cher Jean-Marie

Voilà où je sèche — j'ai souvent rêvé d'être capable d'une longue réponse à des écrivains qui touchent à mes problèmes. J'en suis incapable. C'est avouer que je t'admire et que je te déchiffre mal, sans doute par antipédagogisme et, ce qui est drôle, par ressemblance avec toi. Je vais t'envoyer de Paris la note Hauer.

Je t'embrasse

Jean

1ᵉʳ mars 1961

Mon très cher Jean-Marie

Je ne suis pas très sûr que ce P.S. n'obscurcisse pas tes admirables textes. Mais si tu le « sens » et si tu estimes que cette rallonge te soulage et m'oblige à sortir de mon refuge — édite-le. Ta lettre pour l'homme aux hirondelles m'a fait plaisir. Ces rendez-vous de cœur sont la dernière chance qui nous reste de vaincre l'inhumain, lequel progresse en ce monde.
J'ai aussi été très très touché par une lettre du fils de Marcel André.

Je t'embrasse et Claude

Jean

L'homme aux hirondelles : le peintre Jacques Hauer.
Claude André, le fils de Marcel André, interprète des
Parents terribles, *tenait une librairie à Arles depuis peu.*

Casa Ana   *27 avril 1961*
Marbella
Espagne

Très cher Jean-Marie

Ton scénario Pedres est remarquable et si je ne m'étais
pas juré de mettre un point final à mon travail cinémato-
graphique, je t'aurais demandé d'en être le metteur en
scène.
Mais, hélas, plus j'avance en âge et plus je constate que
les efforts d'un poète afin de se rendre visible brouillent
son image et collaborent à rendre son invisibilité douteuse et suspecte. Je me « retire des affaires » comme on
disait jadis dans le commerce.
Marbella est une sorte de Paradis Terrestre au petit pied
où j'évite les serpents et les Eve. Seulement j'y aime de
mieux en mieux ceux que j'aime — dont vous êtes —
Claude et toi.

                                              Jean

Marbella   *16 mai 1961*

Cher Jean-Marie

Ton rêve ressemble fort à notre réalité. En te lisant je
croyais lire un épisode fidèle de journal intime relatant
une de nos journées (ou soirées) à la campagne. (Ce que
serait cet épisode si j'avais la chance d'être votre hôte
ou vice versa.) Je termine six vastes panneaux destinés à
la boutique d'Ana de Pombo, professeur de danse fla-
menca et de castagnettes scientifiques.

Je t'embrasse et Claude

Jean

P.S. — A mon retour, sauf l'exposition de Cannes et le
théâtre du Cap-d'Ail — je me glisse sous l'estrade et la
laisse aux protagonistes de l'actualité. Je plonge une fois
pour toutes dans l'inactuel, notre royaume.

11 juin 1961

Pardonnez-moi, mes amis très chéris, de vous avoir laissés sans nouvelles et de n'avoir pas encore lu les textes. J'étais enfoncé jusqu'au cou dans le décryptage du *Requiem*. J'en sors à la minute et je veux que vous soyez les premiers à l'apprendre. Bien sûr que l'œuvre est d'un malade et qu'il en résulte quelque désordre et quelque bizarre allure dont je n'ose être responsable. Mais dans l'ensemble je ne crois pas que vous serez déçus. Il va maintenant falloir que je « l'écrive » ! ce n'est pas la besogne la plus simple.
Priez pour moi.

Tendresses

Jean

Santo Sospir   *12 juin 1961*

Mon très cher Jean-Marie

Entre deux plongeons dans cette pâte de vocables (où
le style heurtebisien alterne avec l'Opérette (*sic*) j'ai reçu
(ne lui en dis rien) des poèmes de notre jeune homme
d'Arles. Le désastre est qu'il m'imite et que je m'estime
inimitable. Il semble ne pas se douter que le rien reste du
rien s'il n'est quelque chose et ses mots sortent en désordre du couvre-chef de l'illusionniste. Il en résulte une
salade brillante de vide et cela m'embête de le lui dire —
que faire ? Je n'ose le décourager — du reste le serait-il
— et lui conseiller de peindre d'abord d'après nature et
de ne déformer sa ligne réaliste que sur des ordres inté-
rieurs. Donne-moi un conseil.

Je t'embrasse

Jean

Santo Sospir   *15 juin 1961*
Saint-Jean-Cap-Ferrat

Ma très chère Claude

Requiem — Espagne. Santé de Francine — Exposition à
Cannes, etc., me font craindre pour mes dates. Laisse
tomber les places des arènes et dis-moi ce qui t'est dû.
Dis à Jean-Marie que des paroles moins cruelles que
l'écriture seraient préférables, en ce qui concerne notre
jeune poète. D'autant plus que cette pâte imitative est
une sorte d'hommage et que j'hésite à peiner l'auteur.
A travers Jean-Marie ce serait un service à lui rendre que
de le mettre en garde contre l'organisation extérieure
d'un désordre et que, si mes dés ne sont pas pipés, ils
sortent d'un cornet pareil à l'arc du Zen qui « pense la
flèche » et à cette flèche qui « pense la cible ».

Mille et mille tendresses

Jean

Santo Sospir   *Dimanche*
Saint-Jean-Cap-Ferrat

Cher Jean-Marie

Je pars rejoindre Francine dans ce Paris. Cet ogre qui
somnole et auquel je vole de temps en temps ses bottes
de sept lieues pour bondir jusqu'à vous.
J'ai passé de belles semaines à fouiller mes hiéroglyphes.
Souvent je ne sais même plus ce qu'ils signifient. Mais
je m'incline devant leur langue inconnue. Mes dés ne
sont pas pipés mais ils sortent d'un cornet qui pense. Voilà
de quoi déconcerter nos juges.

Je t'embrasse

Jean

Mes très chéris

J'ai bûché comme un pauvre nègre et je crois bien n'avoir plus qu'à « recopier », mettre au net, comme disent les gosses pour les analyses du catéchisme. C'est un peu — outre la chaleur et les routes — pourquoi je me prive des arènes.

Mon silence venait de cette grosse besogne, de mon anniversaire (avec fêtes au centre du Cap-d'Ail) et de maints problèmes assez graves dans le domaine de la vie.

Raconte-moi un peu où tu en es et où en est cette radio — j'aimerais de bonnes nouvelles de toi de Claude et de Clergue.

Je corrige aussi les épreuves du *Testament*.

Tendresses

Jean

Il s'agit bien sûr du scénario du Testament *qui allait sortir aux éditions du Rocher en octobre de la même année.*

Marbella   *10 août 1961*

Mes très chéris

Je suis arrivé hier soir et tous les jeunes poètes de Malaga m'attendaient à l'aéroport. C'est en quelque sorte une chance d'arriver après la corrida qui était, paraît-il, lamentable, à cause des bêtes, et tragique à cause d'Ordoñez. On le soigne à la clinique Paloma de Madrid, mais la blessure est méchante et eût été mortelle sans la présence par miracle du chirurgien.
Je suis très heureux que tu te fasses des amis *où il est capital pour ton œuvre que tu te les fasses.* Ionesco m'avait dit : « Sans *Les Mariés de la tour Eiffel*, je n'aurais rien pu faire » et m'avait réjoui en me parlant de toi.
En ce qui concerne le snobisme brechtien, tu t'en balances, car Brecht n'était pas davantage brechtien que Shakespeare shakespearien ni que Mallarmé mallarméen. On n'a jamais rien fait de beau en se rassurant par des similitudes. Le poète est un solitaire qui s'adresse aux autres solitaires. C'est la loi.
Je me suis enfoncé dans mon propre tunnel et je ne suis venu sur la côte andalouse que pour être encore plus seul et plus libre de mettre noir sur blanc le merveilleux charabia géométrique dont Gongora, Rimbaud, Lautréamont et Mallarmé nous enseignèrent les syntaxes inflexibles. Travaille sans te soucier des conseils. L'idée du « moderne » est une idée de notre époque éprise d'un espéranto dont les immeubles donnent la mesure. C'est du solide pour dix ans. Nous sommes les gardiens du trésor autour duquel les Gagarine tournent sans le voir.
                              Je t'embrasse et Claude
                                        Jean

(Au dos de la lettre :)

Le Requiem avec ses fautes, ses enfantillages et ses éclairs tourne autour de quelques mots et de quelques idées. Il m'arrive de me demander si je ne dois pas ramper à l'envers dans le tunnel et retourner chez moi. Seulement le tunnel est aussi chez moi et je m'oblige à ne pas corriger une ligne, même si je la désapprouve. Bien souvent je puise des forces à te matérialiser près de ma table, car nous sommes fort peu à jeter l'ancre dans les mers profondes sans nous soucier des régates et des escadres.

Mes très chéris

J'ai fort confiance en votre aide et il m'arrive devant la vieille table à jeu où je pousse mes tours mes valets mes chevaux et mes reines de vous imaginer à droite et à gauche de ma chaise, les mains sur mes épaules et facilitant cet accouchement, compliqué d'Echecs.

Je ne sais pas si *Le Requiem* sera tel que je rêvais qu'il fusse. Mais il y a là quelque chose de considérable qui vaticine avec cette insupportable manière de répéter sans fin la même chose, des oracles. Bref une grande preuve d'amitié étant cette aide que j'éprouve, je résiste mal à vous l'écrire et à embrasser vos quatre joues.

Jean

Cher Jean-Marie

Donne-moi un conseil — Plus j'avance dans le décryptage du *Requiem* plus je m'inquiète de son incroyable décousu — mais d'autre part si je commence à recoudre je risque de détruire un ordre secret et de casser un fil que je ne sais plus voir et qui sans doute existe.
Dis-moi ce que tu en penses, car tu as trop bien recousu *La Corrida du Premier Mai* pour ne pas me connaître mieux que moi-même.
Demain, je compte corriger et allonger ta préface.

Tendresses

Jean

Marbella   *25 août 1961*

Très cher J.-M.

Fais comme tu veux et envoie-moi le texte rectifié. Tu
me connais trop pour ne pas savoir que j'aime mythifier
les lieux et que je me place dans un domaine où je peux
parler des choses avec une précision critique (même
amoureuse). C'est de notre amitié que traite ma préface et cette amitié n'aurait pas lieu sans les raisons que
je te laisse en donner par tes textes.
Je te jure qu'il m'est difficile de ne pas me prendre les
pieds dans ma pelote qui se dévide tant bien que mal
et que me détourner d'elle représente la malheureuse
preuve de ma tendresse.

                                    Je t'embrasse
                                            Jean

Jean-Marie Magnan habite Arles. Il y exerce avec son ami Lucien Clergue, poète photographe, la profession artisanale du beau. Tous deux expriment à leur manière la douce noblesse de Provence.

Dans cette Arles où le Frédéric Mistral de bronze semble statufié pendant sa promenade sous un vacarme d'oiseaux, je conseille à Magnan de poursuivre sa quête. Rien de plus apte à comprendre le labyrinthe où il s'engage avec la peur et la curiosité du Minotaure que le silence orné de tambourins et de fifres d'une ville pleine de grâce.

Magnan, à Paris, laisserait se casser le fil d'Ariane qui le dirige à travers les corridors géométriques de sa recherche.

S'enfoncer en soi-même est une entreprise impossible sur l'estrade où l'actualité nous pousse vite et de force en compagnie des chanteurs de charme et des coureurs cyclistes.

En ce qui me concerne je travaille sous cette estrade et c'est là que je retrouve Magnan et que nos rencontres ressemblent à celles des petites principautés d'Allemagne où tant de choses importantes furent écrites.

Jean Cocteau

(*Au dos de ce texte :*)
Cher Jean-Marie
Voilà. Comme je changerai encore, fais taper ou donne-moi des épreuves.

Je t'embrasse

Jean

Je protestais hautement que je ne sortirais sans doute pas du labyrinthe mais que je ne lâcherais jamais le fil, où que je puisse vivre un jour.

Pauvre orchestre d'oiseaux ! Un jour prochain, la place du Forum transformée en parking, leurs fientes souilleront les belles carrosseries et ce même guano qui constellait Mistral les rendra indésirables. Il y aura plainte contre oiseaux et reçue par le conseil municipal. Une nuit, on les anesthésiera, on les kidnappera et on les tuera sur ordre. Mistral restera sans exécutants et n'aura plus que la ressource de contrôler la circulation. Cocteau n'en saura rien : il nous aura quittés avant les oiseaux.

Marbella   *17 septembre 1961*

Très cher Jean-Marie

Je suis en train d'éplucher ton texte.
L'opium a été pour moi un sédatif dans une longue
période où mon plexus solaire me jouait des tours. Rien
d'autre, comme le prouve *Les Enfants terribles*.
J'avais changé mon plexus solaire en plexus lunaire — et
sans l'opium je n'aurais sans doute jamais eu le courage
d'écrire nombre de mes œuvres. J'aime que ton amitié s'attache à démêler un peu ma pelote. *Le Requiem* est écrit.
C'est une haute salade où la fièvre jouait le rôle de support. Sauf quelques mises en place, j'ai laissé toutes les
fautes dont Picasso estime qu'elles nous dénoncent mieux
que la technique — et ce qui est curieux c'est le mélange
de désordre et d'ordre, de contrôle et de non-contrôle.
Mon devoir était d'en courir le risque. Du reste un rythme
interne forme le bâton du Caducée.
Je t'écrirai aussitôt finie ma lecture.

                              Je t'embrasse et Claude

                                              Jean

Nous revenons dans 8 jours.

Marbella   *24 septembre 1961*

Mes très chéris

Figurez-vous qu'après avoir mis le point final au *Requiem*
j'ignore quel démon de l'écriture m'a jeté dans un livre
qui traite de « mes personnages ». Une collection va
paraître sur le thème de la phrase de Flaubert « Madame
Bovary c'est moi ». Après quelques lignes le sujet m'a
passionné — et, en outre, il m'amusait de prendre un
peu le large, alors que je venais d'obéir aveuglément au
seigneur noir. Bref, je rentre avec de quoi rendre ma
solitude encore plus grande. Je n'en ai parlé à personne
—mais je m'en voudrais de ne pas vous en parler à vous
qui savez suivre de loin et de si près mon « aventure ».
Demain je m'enfonce dans le texte de Jean-Marie.

                                      Tendresses
                                      Jean

Le Cordon ombilical *devait paraître chez Plon en juin
1962.*

Sur la page de titre de *Nuit d'un couple ou la coexistence*
Pour Claude
1960

Jean Cocteau a noté :

1ᵉʳ octobre 1961

Mon très cher Jean-Marie

Tu as *admirablement tenu le fil* et débrouillé les couloirs
de ton labyrinthe.
Rien à reprendre sauf quelques petites fautes ou lignes
à durcir. En ce qui concerne ta « démarche » je ne me
permettrai jamais l'ombre d'une critique.
Elle est ce qu'elle est. Les vraies erreurs commencent où
on n'a pas eu la force de les sanctifier. Je t'embrasse en
hâte pour ne plus te faire attendre davantage.

Ton Jean

Chère Claude

Embrasse aussi J.-M. de ma part. *Il le mérite.*

Mon très cher Jean-Marie

Je viens de t'envoyer en hâte la pièce avec de très légères corrections — (presque de frappe) — *car ta ligne sinueuse est toute droite* et je m'en voudrais d'y changer quoi que ce soit. Nos nuits nous appartiennent et ne peuvent se mêler à d'autres. Tes passes de cape sont collées à la bête et ton épée passe dans l'alliance du mariage avec la mort.
Regarde encore un peu les rimes internes qui risquent d'amollir le métal.

Je t'embrasse et te félicite de tout cœur

Jean

Mes très chéris

Je vous attendais ce matin pour vous embrasser. Or comme vous êtes les seuls amis compréhensifs vous avez dû par gentillesse me priver de ce grand plaisir. Cette vie parisienne est absurde. Raconte-moi sur la table de cuisine comment les choses tournent pour toi.

Je vous embrasse tous les deux

Jean

Jean devait me remettre ce mot en main propre. Il s'apprêtait à partir quand nous le retrouvâmes à son petit entresol du Palais-Royal.

Milly   *2 octobre 1961*

Mon très cher Jean-Marie

Voilà du solide — Et tu ne lâches jamais le bout du fil
qui t'évite de te perdre et de tourner en rond. Je ne vois
rien à reprendre. Veux-tu que je te retourne *Non-Lieu*.
« En toi je comparais » est aussi un titre admirable.
Je suis perdu dans la difficulté de mettre en ordre sans
toucher au désordre ce terrible *Requiem* qui est d'un des
autres qui se succèdent entre notre naissance et notre
mort. Et comment comprendre cet « autre » ?
Je suis malade. Paris m'a collé sa petite peste qui porte
faute de mieux le nom de grippe. Réponds-moi au Palais-
Royal.

                                    Je t'embrasse
                                    Jean

(Au dos de la lettre :)
J'ai envoyé à Clergue les textes qu'il demande.
En outre Bonn m'a commandé un panneau de 30 mètres
pour le Festival Beethoven.
Et je dois corriger *Le Cordon ombilical* qu'on tape.
Trente lettres par jour. Je suis un peu débordé. Dis ma
tendresse à Claude.

Très cher Jean-Marie

Voilà ce paragraphe. Je le voulais très haut et sans l'allure critique ou explicative. Ton soleil est le soleil noir de Dürer — et celui du théâtre n'en est pas loin. Je tiens à laisser entendre que cette sortie n'est pas une concession — *que te voilà enfermé dehors*. Après tout, le minotaure a de la chance de vivre seul et d'être tué par un matador de mythe. C'est mieux que d'être mangé aux mites — et c'est pourquoi je te montre sortant du toril.

Je t'embrasse

Jean

Avec la pièce intitulée : *Nuit d'un couple ou la coexistence* il semble que Magnan sorte du labyrinthe où il s'était engagé sans le moindre fil d'Aiane.
Le voilà qui débouche en pleine lumière après le méandre des couloirs ténébreux. Mais cette fois c'est le soleil de la rampe et des herses qui l'aveugle. Quelles sont ces capes que des gladiateurs agitent et qu'ils escamotent derrière des boucliers de bois ? Il va falloir combattre, seul, contre des fantômes, des miroirs et des vocables.
Le théâtre ! Trois murs et un quatrième invisible s'ouvre sur une foule d'individus que leurs préoccupations empêchent de s'endormir, de se laisser *prendre*, de se laisser aller au soleil altruiste de l'hypnose.
Magnan sort peut-être sain et sauf, et par chance, aptère, il évite le secours d'un simulacre d'ailes. Mais il n'en reste pas moins debout sur le seuil où nous hésitons tous en face d'une liberté plus dangereuse que la prison de Minos.

Jean Cocteau

36, rue de Montpensier   *13 octobre 1961*
Palais-Royal
Paris

Très cher Jean-Marie

Je suis heureux de t'avoir plu. J'ai de Clergue une lettre
américaine où il pleure sur le prétendu oubli de son nom
dans le livre du *Testament*.
Or
1° Il oublie, lui, qu'il existe des circonstances qui nous
désobligent. Encore, en ce qui concerne ce livre, est-ce
une faute du hasard alors que la *suppression de mon
nom dans le livre d'Eluard n'en était pas une.*
2° Peut-être ne savait-il pas que le seul poème du livre
lui est dédié avec la paraphrase de la dédicace de Gor-
gora (sonnet du Greco) — Cette dédicace et ce poème
prennent tout leur sens avec le papillon que Worms
ajoute.
Du reste, il y avait parmi les images des photos de la
dame photographe qui travaillait à Paris pendant la
scène du tribunal — il était donc difficile de dire :
« toutes les photographies prises en marge du film sont
de Lucien Clergue ».
Il me fallait détailler et mettre deux noms, ce qui était
plus désobligeant que la notice adjointe, étant donné que
les gens ne savent pas pourquoi je devais remplacer
Lucien à Paris.
Explique-lui tout cela et qu'il ne peut se dire lésé lorsque j'imprime ce qu'il a laissé partir du livre des nus
marins.

                                        Je t'embrasse
                                             Jean

Le Testament d'Orphée, *livre, s'ouvrait sur un poème
intitulé « Phénixologie » et dédié à Lucien Clergue « excel-
lent photographe ».*

Mon très cher Jean-Marie

Je n'arrive pas à comprendre la lettre de Coulon. Il est venu me voir dans une de mes tempêtes du matin et il m'a écrit que je « monologuais » — car il est vrai que je cherchais à *l'aider dans le domaine le plus actif.* L'erreur des jeunes est de vouloir au premier contact les preuves d'une amitié qu'on n'obtient qu'à la longue. Que vaudrait la nôtre, je te le demande, sans les règles de notre « milieu » aussi sévères et strictes que celle de ce qu'on nomme « le milieu ». Donne-moi un conseil et redonne-moi son adresse.

Je déteste peiner et je m'efforcerai de toucher son âme avec des mains moins maladroites.

Tendresses pour Claude et pour toi

Jean

Mes très chéris

On se parle mal au téléphone — appareil diabolique —
L'Impromptu est un ouvrage du poids des *Mariés* bien
que sans rapport avec eux.
Les *Mariés* se casent au point que la télévision veut les
reprendre avec faste et d'une manière toute neuve.
L'Impromptu se rodera au Japon comme si une troupe
de Mars jouait dans la Lune — mais grâce à ce travail
l'œuvre sera prête pour la rue de Richelieu où elle précé-
dera sur l'affiche les pièces de Molière. Imagine quelque
chose qui serait à la chaise à porteurs une petite voiture
de course. J'y ai enchevêtré les temps, la langue du XVIIe
et la nôtre. Il m'intéressait de remplir une bulle de savon
de toutes les fumées qui nous empoisonnent. Je suis très
heureux qu'on édite ton livre. Tu fais ta route à pied,
sac au dos et comme Achille et la flèche du Zen immobile
à toute vitesse.
Excuse ces quelques lignes rapides. Dans quelques minutes je retourne à Paris chercher une « remplaçante » à
l'irremplaçable.

Tendresses

Jean

Dis bien à Lucien que je l'aime et que les notices ne
valent pas quelques vers sous le signe de Gongora et du
Greco.

Mes très chéris

C'est vraiment avec vous que je me suis promené dans les salles où Lucien s'expose nu avec la pudeur impudique de la beauté. Sa « gentillesse » l'emporte sur les fastes du Louvre et on me raconte qu'il distribuait lui-même ses affiches dans un grand magasin comme il courait autour des arènes avec sa casquette de merle. Ce succès considérable et la nouvelle de l'Arbalète me prouvent que le conseil était bon de rayonner depuis Arles. J'étais heureux comme les familles un jour de noces ou de première communion. Je passe quatre jours à Munich pour mettre en route les mécanismes de *L'Aigle*, ensuite je rentre pour des supplices de dentiste et, avant la montagne, je vous embrasserai sur la côte. Chaque toile de l'exposition Picasso était un ami qu'on retrouve — et je me disais que le désordre de l'époque est vaincu par nos liens du cœur.

A Claude et à toi ma tendresse

Jean

P.S. — Je viens de défaire le paquet des correspondances et j'ai la joie d'y trouver une enveloppe de ton écriture. Ta lettre me consolera du reste.

Mes très chéris

En revenant des neiges, je trouve une belle boule de la
tienne, sous la forme ronde et blanche de ta magnifique
étude sur notre Jean. Je ne saurais en vouloir à Lucien
mais à ces journalistes qui salissent notre neige. D. me
téléphone à Auron pour me dire que Lucien lui a retélé-
phoné avant son départ afin de confirmer ces propos
absurdes. Georges Mathieu sûr que des âneries pareilles
ne peuvent sortir de ma bouche m'a consolé en m'offrant
une superbe écharpe multicolore. N'en parle plus à
Lucien — cette histoire est un fantôme qui se désinté-
grera vite.

Je t'embrasse et Claude

Jean

*Je venais d'envoyer à Jean Cocteau un essai sur les pièces
de Jean Genet.*
*Georges Mathieu, entraîné par Cocteau, assista au ver-
nissage de Clergue. Le poète aimait à dire que Louis XIV
aurait voulu signer selon cet art souverain de l'écriture
des tableaux de Mathieu, qui ne resta pas de bois
devant les calligraphies naturelles du photographe mais
il le harcela, lui infligea la question, le pressa d'avouer
que les œuvres des peintres abstraits avaient appris à
son appareil à voir de la sorte. Cocteau dut dire à peu
près à Georges Mathieu : « Clergue ne pense pas. Comme
tout vrai artiste, il est l'anti-intellectuel type. Il pense en
actes. » Et achever de les mettre d'accord en riant :
« Nous sommes tous des ânes. Dans une époque si intel-
ligente, nous n'avons pas d'autre choix. » Le lendemain,
Cocteau ouvrit le journal et lut que Mathieu, selon lui,
était un âne. Les journalistes devaient mettre cette sim-
plification sur le dos de Clergue.*

Mes très chéris

Me voilà tournant, aveugle, la roue du travail et rêvant d'être en Arles, à Mougins, au Cap. Mais Francine se repose au Soleil de Naples et je n'aime pas habiter sa maison sans elle. Je corrige *Le Requiem* et *Le Cordon*. Je vais répéter *L'Impromptu*. D'énormes caisses partent pour le Japon. Je termine les douze vitraux de Metz et les décors-costumes de *Pelléas et Mélisande*. Outre les petites besognes qui nous mangent.

Je vous envie à toi et à Lucien ces merveilleux départs, toutes voiles dehors, vers ce qui me fatigue. C'est la plus belle minute — crois-moi — et le papier n'a pas encore servi à emballer le pique-nique des touristes et à joncher les pentes de l'Acropole.

        Je t'aime et je t'embrasse ainsi que Claude

                    Jean

Santo Sospir   *25 mai 1962*

Mes très Chéris

Je suis encore assez malade et je n'arrive pas à retrouver
mon équilibre physique et moral. Je pense à vous sans
cesse et au travail de Jean-Marie. En ce qui concerne les
courses, ni Francine ni moi ne sommes encore assez
solides pour envisager le voyage. Ne retenez donc pas
les places, mais donnez-moi l'espoir d'une rencontre sur
la côte.
Embrassez Lucien comme je vous embrasse.

                                        Jean

12 juin 1962

Mon très cher Jean-Marie

Ton paquet m'arrive lorsque je partais pour l'aérogare.
Je l'emporte à Paris et te le retournerai donc avec un
peu de retard.
J'ai lu les poèmes de notre poète (il me les avait expé-
diés). J'estime qu'il devrait étudier sa syntaxe car les
formes fixes ne permettent pas la moindre inexactitude.
Les règles durcissent le dur après avoir longtemps durci
le mou.
Les négliger enlève de la force à l'alexandrin.

Je t'embrasse et Claude

Jean

*Tour à tour, au cours de cette période, Cocteau m'entre-
tient dans ses lettres de Serge Dieudonné ou de Francis
Coulon. Ces deux jeunes poètes ne tarderaient pas à
publier leurs premiers textes, Dieudonné dans la revue*
L'Arc, *Coulon dans* Les Cahiers du Sud.

Milly   *24 juin 1962*

La Saint-Jean

Mon très cher Jean-Marie

Il me faut encore subir les insultes et monter au calvaire
— mais n'est-ce pas notre secrète récompense que d'être
la tête de turc des imbéciles ? Je m'y attendais. Les caresses véritables (les tiennes entre autres) sont secrètes et
ne peuvent pénétrer dans le fleuve de boue. Crois bien
que je ne cherche plus l'éloge visible mais l'éloge invisible et qu'il serait étrange que des gens si loin de nous
puissent pénétrer dans notre royaume. Notre royaume
n'est pas de ce monde. Mais de quel monde ? Voilà le
problème. Nous devons participer à quelque mécanisme
invisible et représenter notre univers devant je ne sais
quel tribunal qui nous juge. Ce n'est certes pas le tribunal imaginé par des hommes qui veulent prouver les
choses dont la seule grandeur est d'être improuvables.
Bref, ta lettre pour *Le Requiem* me réconforte et me
donne la force de subir les insultes.

Je t'embrasse

Jean

1ᵉʳ juillet 1962

Mon cher Jean-Marie

La croix est lourde à porter, bien que légère. Je la déplore
pour vous tous, sachant ce qu'elle pèse. On crache dans
mon fleuve et son eau n'aime pas ces salives-là. Je serai
au Cap le 7. J'apporte les textes que tu m'as confiés.
J'espère retrouver un œil digne de les lire. Paris me
dégoûte et Voltaire doit avoir raison lorsqu'il dit : « De
toutes les nations, la plus cruelle est la française. »

Je t'embrasse et Claude

Jean

Le pauvre Coulon ne se doute pas de mon drame. Il ne
pense qu'à lui.

3 juillet 1962

Mon cher Jean-Marie

Ta lettre m'a profondément touché — n'aurais-je que toi
comme lecteur que je serais heureux et que je n'en cher-
cherais pas d'autre. Ce moi qui me donne les ordres et
sans lequel je ne peux rien semble dormir — à tel point
que je me demande s'il ne digère pas ce *Requiem* comme
un boa qui en avale un. Je me console par des besognes
de manœuvre, au Cap-d'Ail et à Menton.
L'article de Régis Bastide arrivait après ta lettre — c'est
te dire que malgré sa noblesse il me paraissait un peu
injuste. Tu rends difficile.

Je t'embrasse et Claude

Jean

Mon très cher Jean-Marie

Dois-je aussi te renvoyer l'admirable texte Marbella ?
— Ces coquilles — j'ai eu la sotte audace de les laisser
pour me punir de mon envie de nettoyage. Je vais les
corriger dans les éditions futures. Je n'avais pas vu « fin
de l'Occident » né de quel aura — Ce sont des résultats
de mon inculture de « sujet » de la Salpêtrière.
J'aurais dû te signaler une magnifique émission à la radio
avant-hier sur *Le Requiem*. Aimé Michel parlait du
contraste entre ma monstrueuse paresse et mon monstrueux travail. Ici, nous traversons à cause de la santé
physique et morale de Francine, une période que je ne
souhaite à personne. Ce qui me sauve c'est la besogne
artisanale du Cap-d'Ail. Mais que ton amitié parfaite le
sache et ne m'en veuille pas d'écrire bref et d'attendre
pour lire avec soin.

                    Je vous aime Claude et toi

                                        Jean

« *Aimé Michel prétend que le poète — il a parlé de moi
d'ailleurs à la radio — est un parfait idiot, sauf dans un
domaine où il est hypertrophié comme les calculateurs
prodiges. Eh bien ! je vais plus loin qu'Aimé Michel. Je
pense que nous abritons tous un schizophrène dont presque tout le monde a honte, sauf, comme toujours, les
enfants, les héros, les poètes, et justement ce schizophrène
est à la base de ce qu'on appelle le génie (...) Le difficile, c'est le talent qui permet à ce schizophrène de circuler parmi nous (...) Le génie, c'est de la folie domesti-
quée.* » (Portrait Souvenir. Entretien avec Roger Stéphane,
R.T.F. et librairie Jules Tallandier.)

Mon très très cher Jean-Marie

Je m'excuse d'avoir gardé si longtemps des textes qui peuvent t'être utiles — mais je voulais les lire et relire dans les rares minutes où le travail et la santé me permettent de devenir les autres et ce que je lis. De plus en plus j'admire avec quelle rigueur tu t'acharnes à suivre ta ligne profonde et à obéir aux ordres de la désobéissance.
Les gens n'acceptent de faire aucun effort et Picasso ne règne que par l'abondance. Aragon ne leur pose aucun problème et c'est pourquoi ils le donnent toujours en exemple.
Cette côte à soleil mou m'oblige à me vaincre par des besognes artisanales comme le Cap-d'Ail, Menton, Metz — vitraux et *Pelléas*. Après *Le Requiem* j'éprouve un vide très pénible et il est probable que le moi qui me le dictait se paie une longue sieste. Me voilà seul. Et seulement libre de travailler avec mes mains.
Hier, j'étais chez Picasso. Sa chance est d'avoir des mains qui pensent à sa place et, s'il ne sait pas ce qu'il faut faire, de savoir ce qu'il ne faut pas faire.
Embrasse Claude comme je t'embrasse et félicite **nos** poètes d'apprendre à se nouer.

Jean

(Les « Textes » dont parle Jean Cocteau au début de cette lettre sont ceux qui ont pour titre : Aventure interne de Jean Cocteau à Marbella. Sur la page de titre, Jean Cocteau a noté :)
Merci. Tu me connais mieux que moi-même s'il m'était possible de me connaître.
(Sur la page où figure le début du texte, Jean Cocteau a noté :)
Le grand secret c'est qu'il n'y en a pas.

Santo Sospir   *15 août 1962*
Saint-Jean-Cap-Ferrat

Cher Jean-Marie

Pendant tous mes rapports avec Bébé Bérard, je vivais
quasi maritalement avec Nathalie Paley — c'est te dire
que tes racontars de vieille concierge sont absurdes. En
outre *Le Livre blanc* est imaginaire et c'est à cause de
la sottise des gens que je le laisse anonyme. Comment
peux-tu imaginer que je prononce des paroles aussi vulgaires ? C'est pourquoi je ne lis jamais rien de ce qui me
concerne et me limite aux seuls poètes et dramaturges
tels que toi.
Ce pauvre Gide croyait que *Le Grand Ecart* était un
camouflage à la Proust, alors qu'il raconte à la lettre mes
amours avec Madeleine Carlier.
Deux dames qui se faisant avorter, me privant de fils et
me contraignant à m'en choisir adultes m'ont donné
momentanément jadis une crise de misogynie.
Il y a longue date que j'ai compris qu'il était inutile de
se faire comprendre des autres. Demain corrida de Fréjus
avec les Picasso. Fatigue énorme en perspective.
                          Je t'embrasse et Claude
                                          Jean

Cette lettre fait suite à ma lecture du Livre blanc. *Dans
le sillage de* J'adore *de Jean Desbordes, découvert et
lancé par ses soins en 1928, le poète y proclamait l'innocence et la beauté de tout amour et que l'amour déborde
la loi. Je le félicitais pour ce récit impudique, tout en lui
préférant le* Fantôme de Marseille, *et de conclure son
ouvrage avec une franchise difficile chez cet être trop
sensible, qui souffrait dans la peau des autres :* « Un vice
de la société fait un vice de ma droiture. Je me retire. En
France, ce vice ne mène pas au bagne à cause des mœurs

234

de Cambacérès et de la longévité du Code Napoléon.
Mais je n'accepte pas qu'on me tolère. Cela blesse mon
amour de l'amour et de la liberté. » J'avais eu, toutefois,
l'aplomb malencontreux de parler à Cocteau de la jalou-
sie morbide du narrateur à l'égard de H. son amant et
de ses crises de fureur contre les aventures féminines de
ce dernier jusqu'à lui extorquer la promesse d'envoyer
les femmes au diable. J'ajoutais pour comble qu'il res-
semblait alors au protecteur littéraire de Raymond Radi-
guet, tel que nous le décrit Ernest Hemingway dans Mort
dans l'après-midi, fort scandalisé des fugues du jeune
homme, qu'il dénonce comme une décadence, s'écriant
amèrement mais non sans vanité : « Bébé est vicieux, il
aime les femmes. » Ce qui n'était pas très malin. Simple-
ment aucun faux principe ne me mettant en garde, j'avais
offensé Cocteau au point qu'il ne semblait même pas
comprendre mes lignes et confondait Raymond Radiguet
avec Christian Bérard. Je soupçonnais dans l'idée qu'il
pouvait avoir de ma lecture un malaise d'une incalculable
intensité. Que répondre à cela ? Sinon : « Si vous repre-
niez à votre compte ces paroles vulgaires, vous les enno-
bliriez certainement au passage. »
L'amour, comme le rêve nocturne, ne devait pas être
spectacle qu'on montre mais servir par son mécanisme
perfectionné. Il importait de n'en conserver qu'une tona-
lité, un style, une démarche. Une sexualité de l'encre,
une force mâle qui érige le porte-plume et déteste toute
flânerie malsaine des sens. Le poète s'en tenait à cela.

Mon très cher Jean-Marie

Sitôt reçu sitôt lu — mais tu m'obliges à lire trop vite — ce qui me frappe c'est la continuité de ton fil et la manière d'en tisser ta toile comme nul autre ne pourrait le faire. Tes mécanismes de décor et de lumière rendront la chose difficile au Théâtre — où les miroirs sont inemployables parce qu'ils reflètent la salle et la rampe. Il faudra trouver le système des trous comme dans le film *Orphée.* Ma seule critique porte sur certaines de tes chutes de phrases où, séparé par une virgule, tu répètes presque le même verbe sans que le dernier ne monte sur le premier. Il y en a deux exemples sur la page où je t'ai indiqué une faute de frappe. Dans l'ensemble, c'est toi et sans tics, sans ce style qui n'est pas le « style ».

Ta pièce forme un bloc de cet or léger que les Aztèques frappaient afin que les vibrations les fissent voler d'un lieu à l'autre dans de vastes coupes. Le secret de cet or est perdu. Et c'est nous qui le retrouvons par le verbe. Je te parlerai plus longuement de ton œuvre lorsque tu m'enverras un double. Je t'embrasse et Claude, ton vrai Double.

Jean

Je suis heureux de ce qui résulte de ta sagesse d'Arles.

Lorsqu'il apprit que l'ensemble de mes écrits était accepté par Marc Barbezat et édité à l'Arbalète (maison où paraissait le théâtre de Jean Genet), Cocteau éprouva un soulagement réel. Mais je ne déboucherai jamais sur un plateau, je n'avais pas su articuler sur scène cette voix gorgée de fantasmes et néanmoins toute proche des viscères des amants. Je n'étais pas de force à injurier de feux le plaisir érotique et les rôles nocturnes qui le diversifient et les râles qui le trahissent. Pas de force à l'envoyer s'aveugler aux lumières avec jouissance et terreur en rameutant toutes les identités de la possession autour du couple dans une débauche de relation hallucinée. Cocteau ne se leurrait pas et il s'inquiétera jusqu'à la fin de me savoir dans quelque sous-sol ou obscur cachot de moi-même, avec pour seule ouverture ce qui lui représentait un soupirail à barreaux éclairant mal et de haut. Je n'étais pas sorti de l'auberge.

Mes très chéris

Cet embarbouillage de dates n'arrange pas mon travail
et mes devoirs du cœur. *Renaud et Armide* à Metz (avec le
décor de Doudou) tombe les deux jours de fête Maeter-
linck à Bruxelles, et, de Bruxelles, il me faudra courir
à Vevey où je serai, pour Markevitch et l'enregistrement
Philips, le lecteur dans *L'Histoire du soldat*. Ce qui
m'oblige à laisser en plan Menton, Cap-d'Ail et la Victorine (la grande toile que j'exécute avec Moretti) — Vous
devinez bien que je préférerais la Corrida des Vendanges
et nos bonnes parlotes. Pensez à moi et aidez-moi de vos
ondes affectueuses. En outre, j'ai très mal à ma hanche
droite, ce qui me gêne aussi bien assis devant ma table
que sur mes échelles.
Je vous embrasse de tout mon cœur et vous demande de
dire encore à Lucien ma gratitude pour son admirable
maquette photographique. Là aussi j'ai des embêtements
de dates et Hans Werner Henze fait du chantage auprès
des directeurs de l'Opéra de Munich pour ne signer son
contrat que s'ils montent son opéra du *Roi Cerf*.
Comme sur la route ce sont des autres que viennent le
danger et les accidents imprévisibles.

                                                    Jean

*A cette époque, Cocteau peignait en collaboration avec
Raymond Moretti* L'Age du Verseau *et cette* jam, *ce duo
analogue à ceux du jazz, devait les unir et les affronter
dans le même rêve éveillé, au charme dur, presque coupant. Moretti logeait alors dans le pavillon des studios
de la Victorine où Cocteau avait tourné* L'Eternel Retour
et plusieurs séquences du Testament d'Orphée. *Depuis,
le peintre n'a cessé de changer de domicile, par la force*

des choses, mais la blouse blanche que le poète revêtait pour travailler et marier leurs lignes est restée accrochée à la patère. (Voir le Cocteau-Moretti de Louis Nucera chez J.-C. Lattès.) Clergue avait exécuté son premier décor avec une aisance confondante pour Le Fils de l'air de Cocteau. La réalisation, toutefois, n'aura pas lieu à Munich tion de l'Ecole Mudra de Maurice Béjart et sans le décor d'abord retenu.

Vevey   *2 octobre 1962*

Cher Jean-Marie

Au milieu de ces gymnastiques qui consistent à sauter
d'un pays à l'autre pour des besognes difficiles et, en
outre, avec la fièvre et la bronchite — il m'est impossible
de me mettre à ce travail de dessins, lequel, en outre,
risque d'être loin des ressemblances. Est-ce urgent ?
Car je rentre vers le 9 ou le 10 et, là, j'aurai calme,
papier, crayon que je n'emporte jamais en voyage.
Sois aimable de me répondre à Vevey — hôtel des Trois-
Couronnes. Tu me soulagerais d'un gros poids amical.
Ce soir commencent les répétitions de *L'Histoire du soldat* sous forme d'Oratorio.

                                         Tendresses
                                         Jean

*Regroupés, mes divers écrits tauromachiques allaient
paraître sous le titre du* Pèse-Taureau *aux éditions Forces
Vives. Je venais de demander au poète s'il voulait bien en
être l'illustrateur. Deux semaines plus tard, je recevais
le premier envoi de trente dessins dépassant de loin mon
attente.*

240

9 octobre 1962

Très cher Jean-Marie

Je rentre de mon périple Metz-Bruxelles-Vevey fort malade *et je n'ai pas la main heureuse.* Peux-tu attendre la fin du mois ? Car toutes mes bonnes esquisses sont à Santo Sospir et je ne te veux que des dessins de premier ordre. S'il t'est impossible d'attendre (ce dont je doute à cause de la lenteur des imprimeries) je vais essayer de m'y mettre dans une ou deux semaines.
Réponds-moi par retour.

Ton Jean

Je compte faire cinq dessins-lithos.

P.S. — Le texte vient d'arriver au Palais-Royal.

Le texte dont il s'agit est, bien sûr, celui définitif du Pèse-Taureau.

Très cher Jean-Marie

Le Dieu noir est descendu — et sur ces 30 dessins tu
peux en choisir 5 ou 7 pour ton livre. Je coule, je tousse,
je crache et je t'embrasse ainsi que Claude sans craindre que les microbes ne vous découvrent.

Jean

Garde les dessins non choisis — ils t'appartiennent ainsi
qu'à Claude.

J.

Surtout ne pas reproduire « au trait », leur conserver les
différences dans la ligne — recommande-le à Barbezat.

12 octobre 1962

Très cher Jean-Marie

Cette lettre attendra ton retour d'Espagne. J'ai fait beaucoup de dessins pour ton livre et tu choisiras sur le nombre ceux qui te conviennent. Le reste ornera ta chambre
de travail et te dira ma tendresse fidèle. 7 à 12 dessins
peut-être.
C'est à toi et à Barbezat de décider.

Je t'embrasse et Claude

Jean

Très cher Jean-Marie

Tu me connais. *Une fois ma main libre je ne m'arrête plus.* C'est donc à toi et à Claude de choisir ce qui te semble intense. Je crois que beaucoup de dessins avec quelques couleurs feraient ton texte un livre de premier ordre. Mets les choses à l'étude avec Barbezat. L'essentiel est de choisir un procédé de reproduction qui conserve la noblesse de la ligne. Donne-moi ton avis à ton retour. Je t'embrasse et Claude et Clergue.

Jean

P.S. — Sache bien, en outre, que tous ces dessins valent fort cher et que je ne ferais ce que je fais pour *personne d'autre.*

29 novembre 1962

Mon Jean-Marie

Décidément notre Lucien embrouillera toujours ce que je dis — ma phrase était juste le contraire. Je disais à Worms « Est-il utile de faire un contrat certifiant que je ne demande rien et que tous les dessins appartiennent à Magnan », tu ne me vois pas demandant un sou à qui que ce soit et à toi en tête.
J'arrive sur la côte le 6 ou le 7 et je t'embrasse ainsi que Claude.

Ton Jean

P.S. — J'ai même ajouté : « C'est un livre d'amour et l'amour ne comporte aucune paperasse. »

Mon cher Jean-Marie

Excuse-moi de t'avoir écrit si brièvement ce matin, mais il y avait foule dans la petite cuisine et j'étais sous le coup de ta lettre. Il va de soi que je n'accuse Lucien d'aucune malice. Je suppose que Paris l'embrouille car c'est la seconde fois qu'il me rend victime de ses erreurs d'écoute ou de mémoire. Comme Worms s'occupe de mes affaires, je tenais à stipuler que ma participation dans les deux livres était un cadeau — et, après, j'ai dit que c'était inutile et que des paperasses n'avaient rien à voir dans une affaire de cœur. Comment pourrais-tu m'imaginer une minute désireux de tirer de notre entente un avantage autre que purement amical ? Cela ne me ressemble guère et la seule idée de mettre une ombre ridicule entre nous me semble monstrueuse.
Je suis moi-même abruti par le désordre spirituel de cette ville et j'ai hâte de rejoindre la côte — où mes besognes sont d'un manœuvre. J'y serai la semaine prochaine.

Tendresses pour toi et Claude

Jean

P.S. — En outre, avant le départ de Lucien je lui ai envoyé la préface des images d'Ordoñez. Tu me vois lui disant : Paie-moi cette préface ! ! ! ! ! ! ! ! ! ! ! ! ! ! !

Cher Jean-Marie

Je suis heureux de t'avoir entendu. La seule chose que je
te demande c'est de ne pas laisser un seul original à
l'éditeur — car chaque dessin valant cent mille francs,
il risquerait de les revendre avec l'exemplaire de luxe à
un prix qui démolirait la cote.
Stipule bien par une lettre que les dessins t'appartien-
nent.

Je t'embrasse

Jean

Même avec les éditeurs les plus aimables on ne sait jamais.
L'histoire m'est arrivée pour *Thomas l'Imposteur* chez
Gallimard.

Mes très chéris

Mon silence venait d'une horreur que j'éprouve à faire déborder mes tâches sur ceux que j'aime. Je viens de traverser une période si pénible (physiquement et moralement) que je n'avais pas le courage de jouer la comédie et si je ne la jouais pas — de me plaindre — ce que je déteste.

Les amis ne doivent avoir de nous que la crème, la pointe, le meilleur.

Hier j'ai remporté deux grands succès, avec la lecture de *L'Impromptu* et avec le spectacle — reprise de *La Voix humaine*. Eh bien, vous étiez sans cesse auprès de moi, dans mon esprit et dans mon cœur.

Voilà les choses — et rien d'autre. Si les circonstances m'obligent à éviter la Côte pendant quelque temps, il ne faudra pas m'en vouloir et attendre que les blessures se ferment et cicatrisent. *Top secret.* N'en parlez à personne.

Jean

Le dernier paragraphe de cette lettre se verra, hélas, confirmé par d'autres passages des lettres suivantes, du 21 janvier et du 22 août 1963. Les sentinelles ne semblaient plus protéger avec la même jalouse efficacité ce qu'il avait appelé sa forteresse d'amitié. Il s'était bien juré cependant qu'elle tiendrait jusqu'à sa mort, qu'elle ne céderait qu'à des puissances supérieures contre lesquelles il n'y a pas de recours. Le bel édifice détruit, soumis à l'épreuve des intempéries, Jean ne pouvait plus aider la chance qui, selon lui, entrait toujours dans l'équi-

libre d'une amitié véritable. Avait-il assez soigné les responsabilités de son cœur ? Quel choc avait déréglé une si parfaite économie ? Il n'en parlait guère mais l'on déchiffrait ses troubles sur son visage qui paraissait souffrir tandis qu'il s'était remis à fumer cigarette sur cigarette, négligeant les interdictions formelles du Pr Soulié, son cardiologue.

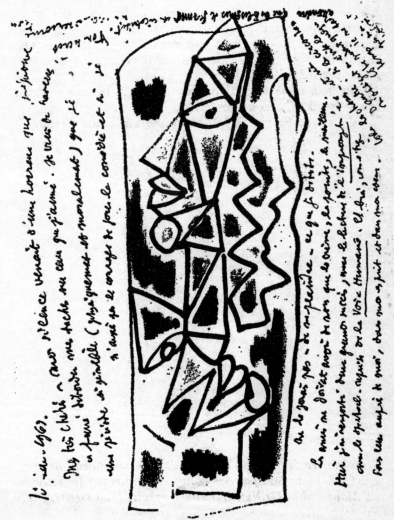

Santo Sospir   *13 janvier 1963*
Saint-Jean-Cap-Ferrat

Très cher Jean-Marie

L'art est un cortège de solitudes mais lorsque des solitudes s'épousent il en résulte une force incalculable. La
tienne est si proche de la mienne que lorsque je lis tes
jalons je crois lire ce que j'aurais dû écrire et cela me
cause tendresse et chaleur.
Ici on gèle et cette chaleur est indispensable pour vaincre le froid du ciel et des âmes.
                    Je t'aime et je t'embrasse ainsi que Claude
                                                          Jean

Sous le titre de Jalons *j'inaugurais une collaboration avec*
Les Cahiers du Sud *par des comptes rendus sur les œuvres
de Alain Robbe-Grillet, Samuel Beckett, Jean Genet, Jean
Cocteau, etc.*

Très cher Jean-Marie

Je devais travailler nuit et jour afin de terminer les six grandes maquettes des vitraux de Fréjus. C'est pourquoi j'avais attendu dimanche pour lire ta lettre au calme. D'où mon silence au sujet de samedi et de la séance de magnétophone. Et ce soir je prends l'avion et je rentre à Paris (un Paris polaire) où je reste jusqu'au 10 février. Ensuite, je compte prendre une semaine de « vacances » à Auron sur les montagnes de neige. Pardonne-moi ce mic-mac mais outre une extrême fatigue, je me trouve embringué dans une sorte de nœud amical avec Francine et j'en éprouve une profonde tristesse. Je t'expliquerai secrètement ces choses en détail, de vive voix. Ecris-moi 36, rue de Montpensier — car j'aimerais savoir que tu ne me tiens pas grief de mon silence.

Embrasse Claude comme je t'embrasse

Ton Jean

J'avais rédigé sous forme de questions très écrites une sorte d'interrogatoire auquel je comptais bien soumettre Cocteau. Mais comment aurait-il pu y répondre, mes questions commençaient à la pointe extrême où l'avaient conduit cinquante ans de réflexions, où aboutissait le plus audacieux de son œuvre et de sa pensée et peut-être se heurtait-il à un pas plus avant dont il souffrait le premier. *En outre, il avait en juin 1962 improvisé un échange très libre mais d'une grande richesse avec l'écrivain américain William Fifield qui devait sortir en 1973 aux éditions Stock.*

Milly-la-Forêt   *28 janvier 1963*

Très cher Jean-Marie

J'ai honte — car j'estime que votre « Ingestion du Cosmos » est un considérable chef-d'œuvre. Le seul vrai chef-d'œuvre de la critique, telle que nos âmes fraternelles l'entendent.
Comment oserai-je couper de mes paroles cette surprenante Rhapsodie ? Ne croyez-vous pas — Ne crois-tu pas — que je mettrais des bandes de brume entre vos/tes lumières ? Je me le demande. Et serai-je digne de vous/t'interrompre, alors que, pour la première fois l'étude dépasse son objet.

                                        Je t'embrasse

                                        Jean

Il faudra que nous envisagions ensemble le possible et l'impossible.
Cadeau royal en échange de mes dessins — nous voilà quittes.

(Au dos de la lettre :)
Parce que ton texte existe — je peux mourir tranquille.
Quel remède au mal de vivre est comparable à cela ?

Revue et complétée, cette étude sur le poète paraîtra en avril 1968 dans la collection « Les Ecrivains devant Dieu » chez Desclée de Brouwer.

21 février 1963

Ma très chère Claude

Me voilà consterné par votre lettre — quoi ? Vous nous donnez à tous, avec Jean-Marie, l'exemple de la rigueur morale et de la tenue, de la bonté, de la gentillesse, du travail sans relâche — et on voudrait vous priver d'un bonheur.
Je ne peux que témoigner du plaisir que j'éprouve à vous voir, loin des villes qui deviennent des garages de voitures, mener une existence parfaite sans l'ombre de ces combines qui encrassent nos âmes.
Je ne sais si ma parole aura du poids auprès de ceux qui vous tourmentent, mais je suis certain qu'il leur suffirait de se renseigner auprès de nos amis d'Arles pour comprendre qu'il est impossible de vous séparer de vos enfants. Les lois sont cruelles. Seulement il existe par chance des hommes justes qui ne les suivent pas à la lettre et savent reconnaître le bien et le mal.
La tendresse que je vous porte se fonde sur les qualités dont je vous parle et je serai heureux s'il m'est possible de vous venir en aide.

Votre fidèle
Jean Cocteau

Jean Cocteau intervient dans le domaine public en notre faveur auprès du tribunal de grande instance de Tarascon.

Mon très cher Magnan

Vous aviez établi ce texte remarquable en supposant que je répondrais à une sorte d'interrogatoire. Seulement mes réponses vous les connaissez d'avance et vous êtes aussi capable de les faire que moi. Elles ne pourraient qu'alourdir votre propos.

En outre, de notre naissance à notre mort, nous sommes un cortège d'autres reliés entre eux par un fil invisible. C'est pourquoi, par exemple, je peux dire sans ridicule, que *L'Ange Heurtebise, La Crucifixion*, le *Cérémonial espagnol du Phénix* et certaines strophes du *Requiem* sont un mariage impeccable entre le conscient et l'inconscience, un parfait équilibre entre ce qui nous arrive des profondeurs et la main-d'œuvre. Cet éloge que je me décerne s'adresse à un autre, ce qui l'autorise et il m'arrive, lorsque j'entre dans la chapelle Saint-Pierre à Villefranche de penser sans gêne : « Comment un homme a-t-il pu créer cela ? » Nos juges auraient la partie trop belle pour voir en moi un monstre d'orgueil, mieux vaut vous laisser la parole et que je conserve en face de votre clairvoyance le rôle d'accusé qui m'est propre et fut toujours le mien.

Mon silence vous aidera sans doute à convaincre de ce double personnage du poète qui est un médium. En m'expliquant, je risque de ressembler à un sujet de la Salpêtrière qui voudrait faire preuve d'intelligence après son réveil de l'hypnose où il n'était que le scribe du moi nocturne que le moi superficiel ne cesse de compromettre sous les projecteurs féroces de l'actualité.

Jean

P.S. — Voilà 50 ans qu'on essaie de me faire tomber de la corde raide. Aurait-on échoué si je n'étais pas somnambule ?

7 juin 1963

Mes amis très chers

Je suis encore bien bien malade — Ecrivez-moi quelques lignes chez Jean Marais Marnes-la-Coquette Seine-et-Oise.
Je vous embrasse tous les deux

Jean

Le 22 avril, à neuf heures du matin, dans sa chambre du Palais-Royal, Jean Cocteau avait été victime d'un second infarctus.

Mais où êtes-vous mes amis — que devenez-vous ? Mourrai-je sans vous avoir lus, vus, embrassés. Cette convalescence est si lourde — allégez-la par votre écriture, par un signe de tendresse.
Je vous aime et m'accoutume mal à votre silence — dites à Clergue combien je suis malade et seul malgré Jeannot et Doudou.

                                                            Jean

Saint-Jean

J'ai ta lettre ce matin et je me demande ce que sont
devenus les miennes — car je t'ai écrit le premier jour
où le docteur me permettait d'écrire et, ensuite, je t'ai
envoyé deux lettres. (Une hier qui a dû se croiser avec
la tienne — je te grondais de ton silence.)
Ton écriture me réconforte et je vois tout de suite la
bonne petite voiture conduite par Claude.
Il y a du « mieux » — seulement j'ai le souffle d'un pho-
que et je me demande si je retrouverai un jour de quoi
répondre au « seigneur » qui déteste les malades et dort.

Tendresses - tendresses

Jean

P.S. — Je t'avais écrit après avoir reçu les petits livres
rouges.

Les petits livres sont Le Pèse-Taureau *et* Numero Uno,
*plaquette de portraits d'Antonio Ordoñez, préfacée par
le poète : « Antonio Ordoñez est un de ces prodiges des
arènes, le fiancé qui évince l'ambassadeur de la mort et
refuse les épousailles pour ne se marier qu'avec la gloire.
A Ronda, dont l'admirable décor évoque celui de Séville,
Ordoñez, au milieu de sa grande famille des places d'ombre m'avait dédié sa bête... »*

Mon Jean-Marie
Ma chère Claude

Tout s'explique — 300 lettres et télégrammes m'attendent
au Palais-Royal entassés dans une boîte pendant le coma
que je communiquais aux autres.
Cet énorme silence m'ira vite droit au cœur.
Hélas, la convalescence est une triste douche écossaise.
Un jour je monte, le lendemain je retombe. Mais ma tendresse ne retombe pas.

                                                        Jean

Milly   *16 juillet 1963*

Mon Jean-Marie

Ce « loin » que tu éprouves vient de cette zone que je traverse *et qui semble ne mener nulle part*. Rien de plus terrible que cette pente vers tout ce dont le travail nous éloigne et nous sauve. J'ai lu tes notices et regardé le journal *Toros* avec le sentiment que j'éprouvais jadis à lire les programmes des théâtres où j'étais trop jeune ou trop malade pour me rendre. Ma famille jetait ces épluchures des oranges d'or dans ma chambre où je les métamorphosais en autre chose.
Mon Jean-Marie — ma chère Claude — pensez à moi si désarmé, si indigne.

                              Je vous embrasse
                                      Jean

J'ai bien peur que même **Picasso** ne se « représente » plus mon visage.

Milly-la-Forêt (Seine-et-Oise)   23 juillet 1963

Mes très chéris

Je suis bien mieux soigné par vos lettres que par les
pilules, les antibiotiques et les prises de sang.
Que ne puis-je partager vos torils et être à côté de toi
et de vous tous aux portes du drame. Merci. Merci pour
les cartes — dis-le au torero.
L'optimisme de la presse et des visiteurs vient de le
« vous nous enterrerez tous » du duc de Guermantes à
Swann. En vérité je traîne et je me demande si la menace
n'est pas décisive et si je pourrai reprendre mon travail.
                    Le Jean qui vous aime d'un cœur
                              jamais malade

26 juillet 1963

Mon Jean-Marie

Il est certain que les gens ne comprennent rien — même à ce qu'ils croient comprendre — et ta lettre ne m'étonne pas. C'est un miracle lorsque, par je ne sais quel malentendu, ils nous éditent et nous exposent. Encore avons-nous quelques mirages que Baudelaire n'avait même pas. Appuyons nos solitudes les unes contre les autres — voilà notre seule sauvegarde. Si je te disais que ce mal m'enlève une sorte de bonne humeur qui cachait un peu les obstacles, tu devinerais le malaise dans lequel je me promène. En outre on me prive de « sel » ce qui est le comble car sans sel moral ni sel physique on devient ombre chinoise.
Je t'embrasse de tout ce pauvre cœur qui vous aime Claude et toi sans réserves.

Jean

Milly   *31 juillet 1963*

Mes très chéris

Vous n'imaginez pas ce que les lettres de Jean-Marie et
sa force de vivre m'apportent dans ce vestibule où je
dois attendre je ne sais quoi.
Je voudrais être encore capable et digne de répondre à
son cœur attentif aux moindres feux. Je conserve le
vague espoir d'un septembre où je retrouverais mes
besognes et les amis sans lesquels je n'oserais ni les
entreprendre, ni les pousser jusqu'au point final.
Toreros c'est nous qui le sommes et puissent les bêtes
mourir de notre main les unes après les autres.

                               Tendresse et Tendresse

                                              Jean

Milly   *22 août 1963*

Mon Jean-Marie

Dans notre époque décousue et irrespectueuse, combien
j'aime ton culte des arènes et la chaîne d'or qui en
résulte. Mon mal me dégoûte. Je voudrais être avec vous
et assister au sacrifice entre Claude et toi.
Cette convalescence menace mon travail de la côte — et,
en outre, des drames d'un autre ordre obligent Edouard
à se rendre à Fréjus et à m'organiser une base.
                         Je vous embrasse tous les deux
                                              Jean

Mon très, très cher Jean-Marie

Ton admirable lettre m'a fait du bien. La mort des hommes m'a giflé de telle sorte que la peau de mon visage est morte et se ride au point qu'il sera difficile de me reconnaître. On me soigne à la chinoise — car en Chine, ils savent depuis les Tables de bronze que tuer tous les microbes, c'est faire place aux virus et au désastre.

On nous arrache de la mort sans nous laisser de quoi vivre.

Ce que je traverse encore est pénible. Jeudi je verrai Claoué qui me dira si les soins de reprise sont possibles sur une peau où le sang ne travaille plus.

Ma pauvre barque prend l'eau par ses planches et me répète : Crève tu ne navigues pas chez toi.

> Je t'embrasse et Claude
>
> Jean

P.S. — Je vais faire construire à Fréjus — et j'irai surveiller la maison.

2 octobre 1963

Mes enfants chéris

Cette petite halte venait d'une crise de manque de souffle
et des docteurs qui m'interdisaient visites et téléphone.
Me voilà de retour à Milly, avec la belle surprise de ta
lettre, de ton texte et des images. Veux-tu (par retour)
me découper et détailler les formes des dessins que tu
veux. Je tâcherai de vaincre ma pauvre main malade et
de t'envoyer les graphismes — *(couleurs ou noir)* — noir
— ou une couleur ou plusieurs couleurs. Le Romero est
digne des autres.
Embrasse Claude comme je t'embrasse.

                                                        Jean

Hier soir la télévision donnait *La Machine infernale*. Malgré les fautes, il en sortait une grandeur — très au-dessus
des moyens de notre époque faite pour Gagarine.
Je viens aussi de recevoir les photographies en couleurs
des premiers vitraux de Metz — exécution magnifique.
Serai près de vous fin octobre.
P.S. — Aucune réponse des Picasso à mes lettres. Je me
demande si Jacqueline n'est pas fatiguée de toujours
cacher sa faiblesse. (secret)

Après la parution du Pèse-Taureau, Forces vives *projetait un second ouvrage qui devait s'intituler comme une
affiche de corrida :* Toros pour Pedres, Curro Romero et
El Cordobes. *Ouvrage qui ne sortirait qu'en juin 1965 aux
éditions Michèle Trinckvel avec 32 lithographies de Jean
Cocteau. Contrairement aux termes de sa lettre, le poète
ne me laissa pas le temps de lui apporter plus de préci-
sions et se mit aussitôt à la tâche. Les douze dessins
très hauts en couleur devaient me parvenir le 9 octobre
1963 par paquet exprès recommandé.*

Milly   *5 octobre 1963*

Cher Jean-Marie

Je pense que cela valait la peine. S'il y en a trop — je te
marque les essentiels.
J'ai péché par amour.

                                                    Jean

Si notre éditeur, partant du principe que je ne demande
rien, peut tout reproduire ce serait le rêve.

(Au dos de la lettre :)
Taureaux pour Pedres — Curro Romero et El Cordobes
par Jean-Marie Magnan avec une suite de dessins de Jean
Cocteau.

Je t'envoie ce soir ma surprise, avec la petite réserve que je te demande (sauf toute la première série et la page « titre » de la seconde) de me garder les originaux de cette dernière série que je peux vendre à un Espagnol (collectionneur) sans le moindre tracas fiscal.

Il va de soi que ce petit avantage n'aura lieu que longtemps après notre édition et ne te dérange en rien.

Il va de soi que tu restes le seul propriétaire des droits de reproduction et que cette combine qui m'aide ne joue aucun rôle dans notre entente.

Puisse l'ensemble te plaire et convaincre notre éditeur de rendre le livre encore plus riche.

Je t'embrasse
Jean

La page titre Minoïenne-Knossos t'appartient et n'entre pas dans ce projet futur.